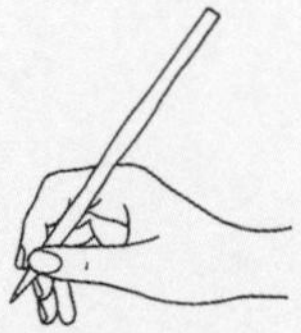

寫心經

108遍圓滿祝福版

108遍的靜心，108次的沉澱，108遍的心念校準、歸零。
寫心經，帶來自在無罣礙的力量。

— 張明明 範帖書寫 —

U0006239

本書使用方法

字安則心安，字穩則心定。

出版「寫經寫字系列」的起心動念，很單純，就是給自己一段時間好好寫字，感受筆落紙上，在一筆一畫中重新回歸身心的安定力量。

惶惶不安有時，焦慮難耐有時，疫情天災更放大了不安穩與不確定，當你感到混亂的時候，就來寫字吧。寫什麼都可以，從寫經入手，為的是在專心摹寫的過程裡，可以收斂自己紛雜的心緒，可以在呼吸落筆之間收束意念，修習定的工夫。

時至今日，寫經除了傳統概念上的「抄經以利佛法流傳」的發心祈願外，不是佛教徒同樣也可以藉由寫經傳遞與人結善緣的祝福心意，無須心有罣礙。

該如何開始寫？如果是佛教徒的話，可以遵循宗教儀軌，先沐手，端身就坐，收攝身心，默唸〈開經偈〉一遍。然後開始寫經，寫完之後再恭頌〈迴向偈〉。

若是只想單純藉由寫經來練字定心，專念一意是最重要的，字醜字美有無錯漏都不需懊惱，錯字旁畫○，在空白處補上正確的字，無須塗改，繼續書寫即可。當你想把寫經的祝福心意傳遞給他人時，可以在寫完經文之後，寫下①當天日期，②寫經人姓名，③迴向給誰人，這樣就可以將你的誠懇心意圓滿表達。

本次出版的《寫心經》共有兩種版本，都是可以書寫一〇八遍的設計。一〇八遍的寓意，蘊含的是無限的祝福與圓滿。

這兩個版本，一款是穿線裸背裝訂的二十五開本。採用比一般平裝書在製作上更費時費工的穿線裸背裝訂，最主要的目的是可以一百八十度完全攤平，更方便書寫，更能凝心致意寫完一〇八遍。

另一款則是糊頭包裝裝幀，每一本皆是手工裝訂，選用不易殘膠的膠裝，可撕可保存。設計成可以撕下，主要是可以自書，也可以撕下來邀請友朋一起寫。

若想將書寫好的心經送給朋友做為祝福心念，這個版本也是最理想的選擇。

【關於心經】

《心經》是《般若波羅蜜多心經》（或《摩訶般若波羅蜜多心經》）的簡稱，是所有佛經中翻譯次數最多，譯成文種最豐富，最常被念誦的經典。

《心經》蘊含的人文哲思、修行法門，可以說是傳承不滅的人間智慧。以大多數人都能唸上幾句得到體驗感受的經典，做為開始寫字靜心的範本，相信更能得到體會與共鳴。

本書範帖採用唐朝三藏法師玄奘的漢譯本，這個譯本可說是流傳最廣、一般人最耳熟能詳的版本。

般若波羅蜜多心經

玄奘法師譯

觀自在菩薩行深般若波羅蜜多時。照見
五蘊皆空。度一切苦厄。舍利子。色不異空。
空不異色。色即是空。空即是色。受。想。行。識。
亦復如是。舍利子。是諸法空相。不生不滅。
不垢不淨。不增不減。是故。空中無色。無受。
想。行。識。無眼。耳。鼻。舌。身。意。無色。聲。香。味。觸。
法。無眼界。乃至無意識界。無無明。亦無無
明盡。乃至無老死。亦無老死盡。無苦。集。滅。
道。無智亦無得。以無所得故。菩提薩埵依
般若波羅蜜多故。心無罣礙。無罣礙故。無
有恐怖。遠離顛倒夢想。究竟涅槃。三世諸
佛依般若波羅蜜多故。得阿耨多羅三藐
三菩提。故知般若波羅蜜多。是大神呪。是
大明呪。是無上呪。是無等等呪。能除一切
苦。真實不虛。故說般若波羅蜜多呪。即說
呪曰。揭諦。揭諦。波羅揭諦。波羅僧揭諦。菩
提薩婆訶。

般若波羅蜜多心經　玄奘法師譯

觀自在菩薩行深般若波羅蜜多時。照見
五蘊皆空。度一切苦厄。舍利子。色不異空。
空不異色。色即是空。空即是色。受。想。行。識。
亦復如是。舍利子。是諸法空相。不生不滅。
不垢不淨。不增不減。是故空中無色。無受。
想。行。識。無眼。耳。鼻。舌。身。意。無色。聲。香。味。觸。
法。無眼界。乃至無意識界。無無明。亦無無
明盡。乃至無老死。亦無老死盡。無苦。集。滅。
道。無智亦無得。以無所得故。菩提薩埵依
般若波羅蜜多故。心無罣礙。無罣礙故。無
有恐怖。遠離顛倒夢想。究竟涅槃。三世諸
佛依般若波羅蜜多故。得阿耨多羅三藐
三菩提。故知般若波羅蜜多。是大神呪。是
大明呪。是無上呪。是無等等呪。能除一切
苦。真實不虛。故說般若波羅蜜多呪。即說
呪曰。揭諦。揭諦。波羅揭諦。波羅僧揭諦。菩
提薩婆訶。

抄經人

迴向

年　月　日

般若波羅蜜多心經　玄奘法師譯
觀自在菩薩行深般若波羅蜜多時。照見
五蘊皆空。度一切苦厄。舍利子。色不異空。
空不異色。色即是空。空即是色。受想行識。
亦復如是。舍利子。是諸法空相。不生不滅。
不垢不淨。不増不減。是故。空中無色。無受。
想。行。識。無眼。耳。鼻。舌。身。意。無色。聲。香。味。觸。
法。無眼界。乃至無意識界。無無明亦無無
明盡。乃至無老死。亦無老死盡。無苦集滅。
道。無智亦無得。以無所得故。菩提薩埵依
般若波羅蜜多故。心無罣礙。無罣礙故。無
有恐怖。遠離顛倒夢想。究竟涅槃。三世諸
佛依般若波羅蜜多故。得阿耨多羅三藐
三菩提。故知般若波羅蜜多。是大神呪。是
大明呪。是無上呪。是無等等呪。能除一切
苦。真實不虛。故説般若波羅蜜多呪。即説
呪曰。揭諦揭諦。波羅揭諦。波羅僧揭諦。菩
提薩婆訶。

抄經人

迴向

年　月　日

般若波羅蜜多心經　玄奘法師譯
觀自在菩薩行深般若波羅蜜多時。照見
五蘊皆空。度一切苦厄。舍利子。色不異空。
空不異色。色即是空。空即是色。受。想。行。識。
亦復如是。舍利子。是諸法空相。不生不滅。
不垢不淨。不增不減。是故。空中無色。無受。
想。行。識。無眼。耳。鼻。舌。身。意。無色。聲。香。味。觸。
法。無眼界。乃至無意識界。無無明亦無無
明盡。乃至無老死。亦無老死盡。無苦。集。滅。
道。無智亦無得。以無所得故。菩提薩埵依
般若波羅蜜多故。心無罣礙。無罣礙故。無
有恐怖。遠離顛倒夢想。究竟涅槃。三世諸
佛依般若波羅蜜多故。得阿耨多羅三藐
三菩提。故知般若波羅蜜多。是大神呪。是
大明呪。是無上呪。是無等等呪。能除一切
苦。真實不虛。故說般若波羅蜜多呪。即說
呪曰。揭諦揭諦。波羅揭諦。波羅僧揭諦。菩
提薩婆訶。

抄經人

迴向

年　月　日

般若波羅蜜多心經　玄奘法師譯

觀自在菩薩行深般若波羅蜜多時。照見五蘊皆空。度一切苦厄。舍利子。色不異空。空不異色。色即是空。空即是色。受想行識。亦復如是。舍利子。是諸法空相。不生不滅。不垢不淨。不增不減。是故空中無色。無受想。行。識。無眼。耳。鼻。舌。身。意。無色。聲。香。味。觸。法。無眼界。乃至無意識界。無無明亦無無明盡。乃至無老死亦無老死盡。無苦集滅。道。無智亦無得。以無所得故。菩提薩埵依般若波羅蜜多故。心無罣礙。無罣礙故。無有恐怖。遠離顛倒夢想。究竟涅槃。三世諸佛依般若波羅蜜多故。得阿耨多羅三藐三菩提。故知般若波羅蜜多。是大神呪。是大明呪。是無上呪。是無等等呪。能除一切苦。真實不虛。故說般若波羅蜜多呪。即說呪曰。揭諦。揭諦。波羅揭諦。波羅僧揭諦。菩提薩婆訶。

抄經人

迴向

年　月　日

般若波羅蜜多心經 玄奘法師譯

觀自在菩薩行深般若波羅蜜多時。照見五蘊皆空。度一切苦厄。舍利子。色不異空。空不異色。色即是空。空即是色。受想行識。亦復如是。舍利子。是諸法空相。不生不滅。不垢不浄。不增不減。是故空中無色。無受想。行。識。無眼。耳。鼻。舌。身。意。無色。聲。香。味。觸。法。無眼界。乃至無意識界。無無明亦無無明盡。乃至無老死。亦無老死盡。無苦。集。滅。道。無智亦無得。以無所得故。菩提薩埵依般若波羅蜜多故。心無罣礙。無罣礙故。無有恐怖。遠離顛倒夢想。究竟涅槃。三世諸佛依般若波羅蜜多故。得阿耨多羅三藐三菩提。故知般若波羅蜜多。是大神呪。是大明呪。是無上呪。是無等等呪。能除一切苦。真實不虛。故説般若波羅蜜多呪。即説呪曰。揭諦。揭諦。波羅揭諦。波羅僧揭諦。菩提薩婆訶。

抄經人

迴向

年 月 日

般若波羅蜜多心經

玄奘法師譯

觀自在菩薩行深般若波羅蜜多時。照見五蘊皆空。度一切苦厄。舍利子。色不異空。空不異色。色即是空。空即是色。受想行識。亦復如是。舍利子。是諸法空相。不生不滅。不垢不淨。不增不減。是故空中無色。無受想行識。無眼耳鼻舌身意。無色聲香味觸。法。無眼界。乃至無意識界。無無明亦無無明盡。乃至無老死。亦無老死盡。無苦集滅。道。無智亦無得。以無所得故。菩提薩埵依般若波羅蜜多故。心無罣礙。無罣礙故。無有恐怖。遠離顛倒夢想。究竟涅槃。三世諸佛依般若波羅蜜多故。得阿耨多羅三藐三菩提。故知般若波羅蜜多。是大神咒。是大明咒。是無上咒。是無等等咒。能除一切苦。真實不虛。故說般若波羅蜜多咒。即說咒曰。揭諦揭諦。波羅揭諦。波羅僧揭諦。菩提薩婆訶。

抄經人

迴向

年　月　日

般若波羅蜜多心經　玄奘法師譯
觀自在菩薩行深般若波羅蜜多時。照見
五蘊皆空。度一切苦厄。舍利子。色不異空。
空不異色。色即是空。空即是色。受。想。行。識。
亦復如是。舍利子。是諸法空相。不生不滅。
不垢不淨。不增不減。是故空中無色。無受。
想。行。識。無眼。耳。鼻。舌。身。意。無色。聲。香。味。觸。
法。無眼界。乃至無意識界。無無明亦無無
明盡。乃至無老死。亦無老死盡。無苦。集。滅。
道。無智亦無得。以無所得故。菩提薩埵依
般若波羅蜜多故。心無罣礙。無罣礙故。無
有恐怖。遠離顛倒夢想。究竟涅槃。三世諸
佛依般若波羅蜜多故。得阿耨多羅三藐
三菩提。故知般若波羅蜜多。是大神呪。是
大明呪。是無上呪。是無等等呪。能除一切
苦。真實不虛。故說般若波羅蜜多呪。即說
呪曰。揭諦。揭諦。波羅揭諦。波羅僧揭諦。菩
提薩婆訶。

抄經人

迴向

年　月　日

般若波羅蜜多心經

玄奘法師譯

觀自在菩薩行深般若波羅蜜多時。照見
五蘊皆空。度一切苦厄。舍利子。色不異空。
空不異色。色即是空。空即是色。受想行識。
亦復如是。舍利子。是諸法空相。不生不滅。
不垢不淨。不增不減。是故空中無色。無受
想行識。無眼耳鼻舌身意。無色聲香味觸。
法。無眼界。乃至無意識界。無無明亦無無
明盡。乃至無老死。亦無老死盡。無苦集滅。
道。無智亦無得。以無所得故。菩提薩埵依
般若波羅蜜多故。心無罣礙。無罣礙故。無
有恐怖。遠離顛倒夢想。究竟涅槃。三世諸
佛依般若波羅蜜多故。得阿耨多羅三藐
三菩提。故知般若波羅蜜多。是大神呪。是
大明呪。是無上呪。是無等等呪。能除一切
苦。真實不虛。故説般若波羅蜜多呪。即説
呪曰。揭諦揭諦。波羅揭諦。波羅僧揭諦。菩
提薩婆訶。

抄經人

迴向

年　月　日

般若波羅蜜多心經　玄奘法師譯

觀自在菩薩行深般若波羅蜜多時。照見五蘊皆空。度一切苦厄。舍利子。色不異空。空不異色。色即是空。空即是色。受。想。行。識。亦復如是。舍利子。是諸法空相。不生不滅。不垢不淨。不增不減。是故空中無色。無受。想。行。識。無眼。耳。鼻。舌。身。意。無色。聲。香。味。觸。法。無眼界。乃至無意識界。無無明亦無無明盡。乃至無老死亦無老死盡。無苦。集。滅。道。無智亦無得。以無所得故。菩提薩埵依般若波羅蜜多故。心無罣礙。無罣礙故。無有恐怖。遠離顛倒夢想。究竟涅槃。三世諸佛依般若波羅蜜多故。得阿耨多羅三藐三菩提。故知般若波羅蜜多。是大神咒。是大明咒。是無上咒。是無等等咒。能除一切苦。真實不虛。故說般若波羅蜜多咒。即說咒曰。揭諦揭諦。波羅揭諦。波羅僧揭諦。菩提薩婆訶。

抄經人

迴向

年　月　日

般若波羅蜜多心經　玄奘法師譯
觀自在菩薩行深般若波羅蜜多時。照見
五蘊皆空。度一切苦厄。舍利子。色不異空。
空不異色。色即是空。空即是色。受想行識。
亦復如是。舍利子。是諸法空相。不生不滅。
不垢不淨。不增不減。是故空中無色。無受
想行識。無眼耳鼻舌身意。無色聲香味觸
法。無眼界。乃至無意識界。無無明。亦無無
明盡。乃至無老死。亦無老死盡。無苦集滅
道。無智亦無得。以無所得故。菩提薩埵。依
般若波羅蜜多故。心無罣礙。無罣礙故。無
有恐怖。遠離顛倒夢想。究竟涅槃。三世諸
佛。依般若波羅蜜多故。得阿耨多羅三藐
三菩提。故知般若波羅蜜多。是大神呪。是
大明呪。是無上呪。是無等等呪。能除一切
苦。真實不虛。故說般若波羅蜜多呪。即說
呪曰。揭諦。揭諦。波羅揭諦。波羅僧揭諦。菩
提薩婆訶。

抄經人

迴向

年　月　日

般若波羅蜜多心經

玄奘法師譯

觀自在菩薩行深般若波羅蜜多時。照見五蘊皆空。度一切苦厄。舍利子。色不異空。空不異色。色即是空。空即是色。受想行識。亦復如是。舍利子。是諸法空相。不生不滅。不垢不淨。不增不減。是故空中無色。無受。想行識。無眼耳鼻舌身意。無色聲香味觸。法。無眼界。乃至無意識界。無無明亦無無明盡。乃至無老死。亦無老死盡。無苦集滅。道。無智亦無得。以無所得故。菩提薩埵依般若波羅蜜多故。心無罣礙。無罣礙故。無有恐怖。遠離顛倒夢想。究竟涅槃。三世諸佛依般若波羅蜜多故。得阿耨多羅三藐三菩提。故知般若波羅蜜多。是大神呪。是大明呪。是無上呪。是無等等呪。能除一切苦。真實不虛。故說般若波羅蜜多呪。即說呪曰。揭諦揭諦。波羅揭諦。波羅僧揭諦。菩提薩婆訶。

抄經人

迴向

年　月　日

般若波羅蜜多心經　玄奘法師譯
觀自在菩薩行深般若波羅蜜多時。照見
五蘊皆空。度一切苦厄。舍利子。色不異空。
空不異色。色即是空。空即是色。受想行識。
亦復如是。舍利子。是諸法空相。不生不滅。
不垢不淨。不增不減。是故空中無色。無受
想。行。識。無眼耳鼻舌身意。無色聲香味觸。
法。無眼界。乃至無意識界。無無明亦無無
明盡。乃至無老死亦無老死盡。無苦集滅。
道。無智亦無得。以無所得故。菩提薩埵依
般若波羅蜜多故。心無罣礙。無罣礙故。無
有恐怖。遠離顛倒夢想。究竟涅槃。三世諸
佛依般若波羅蜜多故。得阿耨多羅三藐
三菩提。故知般若波羅蜜多。是大神呪。是
大明呪。是無上呪。是無等等呪。能除一切
苦。真實不虛。故說般若波羅蜜多呪。即說
呪曰。揭諦。揭諦。波羅揭諦。波羅僧揭諦。菩
提薩婆訶。

抄經人

迴向

年　月　日

般若波羅蜜多心經　玄奘法師譯

觀自在菩薩行深般若波羅蜜多時。照見五蘊皆空。度一切苦厄。舍利子。色不異空。空不異色。色即是空。空即是色。受。想。行。識。亦復如是。舍利子。是諸法空相。不生不滅。不垢不淨。不增不減。是故。空中無色。無受。想。行。識。無眼。耳。鼻。舌。身。意。無色。聲。香。味。觸。法。無眼界。乃至無意識界。無無明。亦無無明盡。乃至無老死。亦無老死盡。無苦。集。滅。道。無智亦無得。以無所得故。菩提薩埵依般若波羅蜜多故。心無罣礙。無罣礙故。無有恐怖。遠離顛倒夢想。究竟涅槃。三世諸佛依般若波羅蜜多故。得阿耨多羅三藐三菩提。故知般若波羅蜜多。是大神呪。是大明呪。是無上呪。是無等等呪。能除一切苦。真實不虛。故說般若波羅蜜多呪。即說呪曰。揭諦。揭諦。波羅揭諦。波羅僧揭諦。菩提薩婆訶。

抄經人

迴向

年　月　日

般若波羅蜜多心經

玄奘法師譯

觀自在菩薩行深般若波羅蜜多時。照見
五蘊皆空。度一切苦厄。舍利子。色不異空。
空不異色。色即是空。空即是色。受想行識。
亦復如是。舍利子。是諸法空相。不生不滅。
不垢不淨。不增不減。是故空中無色。無受
想行識。無眼耳鼻舌身意。無色聲香味觸。
法。無眼界。乃至無意識界。無無明亦無無
明盡。乃至無老死。亦無老死盡。無苦集滅。
道。無智亦無得。以無所得故。菩提薩埵依
般若波羅蜜多故。心無罣礙。無罣礙故。無
有恐怖。遠離顛倒夢想。究竟涅槃。三世諸
佛依般若波羅蜜多故。得阿耨多羅三藐
三菩提。故知般若波羅蜜多。是大神呪。是
大明呪。是無上呪。是無等等呪。能除一切
苦。真實不虛。故說般若波羅蜜多呪。即說
呪曰。揭諦。揭諦。波羅揭諦。波羅僧揭諦。菩
提薩婆訶。

抄經人

迴向

年　月　日

般若波羅蜜多心經　玄奘法師譯
觀自在菩薩行深般若波羅蜜多時。照見
五蘊皆空。度一切苦厄。舍利子。色不異空。
空不異色。色即是空。空即是色。受想行識。
亦復如是。舍利子。是諸法空相。不生不滅。
不垢不淨。不增不減。是故空中無色。無受
想。行。識。無眼。耳。鼻。舌。身。意。無色。聲。香。味。觸。
法。無眼界。乃至無意識界。無無明。亦無無
明盡。乃至無老死。亦無老死盡。無苦。集。滅。
道。無智亦無得。以無所得故。菩提薩埵依
般若波羅蜜多故。心無罣礙。無罣礙故。無
有恐怖。遠離顛倒夢想。究竟涅槃。三世諸
佛依般若波羅蜜多故。得阿耨多羅三藐
三菩提。故知般若波羅蜜多。是大神呪。是
大明呪。是無上呪。是無等等呪。能除一切
苦。真實不虛。故説般若波羅蜜多呪。即説
呪曰。揭諦。揭諦。波羅揭諦。波羅僧揭諦。菩
提薩婆訶。

抄經人

迴向

年　月　日

般若波羅蜜多心經

玄奘法師譯

觀自在菩薩行深般若波羅蜜多時。照見
五蘊皆空。度一切苦厄。舍利子。色不異空。
空不異色。色即是空。空即是色。受。想。行。識。
亦復如是。舍利子。是諸法空相。不生不滅。
不垢不淨。不增不減。是故。空中無色。無受。
想。行。識。無眼。耳。鼻。舌。身。意。無色。聲。香。味。觸。
法。無眼界。乃至無意識界。無無明。亦無無
明盡。乃至無老死。亦無老死盡。無苦。集。滅。
道。無智亦無得。以無所得故。菩提薩埵依
般若波羅蜜多故。心無罣礙。無罣礙故。無
有恐怖。遠離顛倒夢想。究竟涅槃。三世諸
佛依般若波羅蜜多故。得阿耨多羅三藐
三菩提。故知般若波羅蜜多。是大神呪。是
大明呪。是無上呪。是無等等呪。能除一切
苦。真實不虛。故説般若波羅蜜多呪。即説
呪曰。揭諦。揭諦。波羅揭諦。波羅僧揭諦。菩
提薩婆訶。

抄經人

迴向

年　月　日

般若波羅蜜多心經　玄奘法師譯
觀自在菩薩行深般若波羅蜜多時。照見
五蘊皆空。度一切苦厄。舍利子。色不異空。
空不異色。色即是空。空即是色。受。想。行。識。
亦復如是。舍利子。是諸法空相。不生不滅。
不垢不淨。不增不減。是故。空中無色。無受。
想。行。識。無眼。耳。鼻。舌。身。意。無色。聲。香。味。觸。
法。無眼界。乃至無意識界。無無明亦無無
明盡。乃至無老死亦無老死盡。無苦。集。滅。
道。無智亦無得。以無所得故。菩提薩埵依
般若波羅蜜多故。心無罣礙。無罣礙故。無
有恐怖。遠離顛倒夢想。究竟涅槃。三世諸
佛依般若波羅蜜多故。得阿耨多羅三藐
三菩提。故知般若波羅蜜多。是大神呪。是
大明呪。是無上呪。是無等等呪。能除一切
苦。真實不虛。故說般若波羅蜜多呪。即說
呪曰。揭諦。揭諦。波羅揭諦。波羅僧揭諦。菩
提薩婆訶。

抄經人

迴向

年　月　日

般若波羅蜜多心經

玄奘法師譯

觀自在菩薩行深般若波羅蜜多時。照見
五蘊皆空。度一切苦厄。舍利子。色不異空。
空不異色。色即是空。空即是色。受想行識。
亦復如是。舍利子。是諸法空相。不生不滅。
不垢不淨。不增不減。是故空中無色。無受
想。行。識。無眼。耳。鼻。舌。身。意。無色。聲。香。味。觸。
法。無眼界。乃至無意識界。無無明。亦無無
明盡。乃至無老死。亦無老死盡。無苦。集。滅。
道。無智亦無得。以無所得故。菩提薩埵依
般若波羅蜜多故。心無罣礙。無罣礙故。無
有恐怖。遠離顛倒夢想。究竟涅槃。三世諸
佛依般若波羅蜜多故。得阿耨多羅三藐
三菩提。故知般若波羅蜜多。是大神呪。是
大明呪。是無上呪。是無等等呪。能除一切
苦。真實不虛。故説般若波羅蜜多呪。即説
呪曰。揭諦揭諦。波羅揭諦。波羅僧揭諦。菩
提薩婆訶。

抄經人

迴向

年　月　日

般若波羅蜜多心經　玄奘法師譯

觀自在菩薩行深般若波羅蜜多時。照見五蘊皆空。度一切苦厄。舍利子。色不異空。空不異色。色即是空。空即是色。受想行識。亦復如是。舍利子。是諸法空相。不生不滅。不垢不淨。不增不減。是故。空中無色。無受想。行。識。無眼。耳。鼻。舌。身。意。無色。聲。香。味。觸。法。無眼界。乃至無意識界。無無明亦無無明盡。乃至無老死。亦無老死盡。無苦集滅。道。無智亦無得。以無所得故。菩提薩埵依般若波羅蜜多故。心無罣礙。無罣礙故。無有恐怖。遠離顛倒夢想。究竟涅槃。三世諸佛依般若波羅蜜多故。得阿耨多羅三藐三菩提。故知般若波羅蜜多。是大神咒。是大明咒。是無上咒。是無等等咒。能除一切苦。真實不虛。故說般若波羅蜜多咒。即說咒曰。揭諦揭諦。波羅揭諦。波羅僧揭諦。菩提薩婆訶。

抄經人

迴向

年　月　日

般若波羅蜜多心經　玄奘法師譯
觀自在菩薩行深般若波羅蜜多時。照見
五蘊皆空。度一切苦厄。舍利子。色不異空。
空不異色。色即是空。空即是色。受。想。行。識。
亦復如是。舍利子。是諸法空相。不生不滅。
不垢不淨。不增不減。是故。空中無色。無受。
想。行。識。無眼。耳。鼻。舌。身。意。無色。聲。香。味。觸。
法。無眼界。乃至無意識界。無無明亦無無
明盡。乃至無老死亦無老死盡。無苦。集。滅。
道。無智亦無得。以無所得故。菩提薩埵依
般若波羅蜜多故。心無罣礙。無罣礙故。無
有恐怖。遠離顛倒夢想。究竟涅槃。三世諸
佛依般若波羅蜜多故。得阿耨多羅三藐
三菩提。故知般若波羅蜜多。是大神咒。是
大明咒。是無上咒。是無等等咒。能除一切
苦。真實不虛。故說般若波羅蜜多咒。即說
咒曰。揭諦。揭諦。波羅揭諦。波羅僧揭諦。菩
提薩婆訶。

抄經人

迴向

年　月　日

般若波羅蜜多心經

玄奘法師譯

觀自在菩薩。行深般若波羅蜜多時。照見五蘊皆空。度一切苦厄。舍利子。色不異空。空不異色。色即是空。空即是色。受想行識。亦復如是。舍利子。是諸法空相。不生不滅。不垢不淨。不增不減。是故。空中無色。無受想行識。無眼耳鼻舌身意。無色聲香味觸法。無眼界。乃至無意識界。無無明。亦無無明盡。乃至無老死。亦無老死盡。無苦集滅道。無智亦無得。以無所得故。菩提薩埵。依般若波羅蜜多故。心無罣礙。無罣礙故。無有恐怖。遠離顛倒夢想。究竟涅槃。三世諸佛。依般若波羅蜜多故。得阿耨多羅三藐三菩提。故知般若波羅蜜多。是大神呪。是大明呪。是無上呪。是無等等呪。能除一切苦。真實不虛。故說般若波羅蜜多呪。即說呪曰。揭諦。揭諦。波羅揭諦。波羅僧揭諦。菩提薩婆訶。

抄經人

迴向

年　月　日

般若波羅蜜多心經

玄奘法師譯

觀自在菩薩行深般若波羅蜜多時。照見
五蘊皆空。度一切苦厄。舍利子。色不異空。
空不異色。色即是空。空即是色。受。想。行。識。
亦復如是。舍利子。是諸法空相。不生不滅。
不垢不淨。不增不減。是故空中無色。無受。
想。行。識。無眼。耳。鼻。舌。身。意。無色。聲。香。味。觸。
法。無眼界。乃至無意識界。無無明。亦無無
明盡。乃至無老死。亦無老死盡。無苦。集。滅。
道。無智亦無得。以無所得故。菩提薩埵依
般若波羅蜜多故。心無罣礙。無罣礙故。無
有恐怖。遠離顛倒夢想。究竟涅槃。三世諸
佛依般若波羅蜜多故。得阿耨多羅三藐
三菩提。故知般若波羅蜜多。是大神呪。是
大明呪。是無上呪。是無等等呪。能除一切
苦。真實不虛。故說般若波羅蜜多呪。即說
呪曰。揭諦。揭諦。波羅揭諦。波羅僧揭諦。菩
提薩婆訶。

抄經人

迴向

年　月　日

般若波羅蜜多心經

玄奘法師譯

觀自在菩薩行深般若波羅蜜多時。照見
五蘊皆空。度一切苦厄。舍利子。色不異空。
空不異色。色即是空。空即是色。受想行識。
亦復如是。舍利子。是諸法空相。不生不滅。
不垢不淨。不增不減。是故空中無色。無受。
想。行。識。無眼。耳。鼻。舌。身。意。無色。聲。香。味。觸。
法。無眼界。乃至無意識界。無無明。亦無無
明盡。乃至無老死。亦無老死盡。無苦。集。滅。
道。無智亦無得。以無所得故。菩提薩埵依
般若波羅蜜多故。心無罣礙。無罣礙故。無
有恐怖。遠離顛倒夢想。究竟涅槃。三世諸
佛依般若波羅蜜多故。得阿耨多羅三藐
三菩提。故知般若波羅蜜多。是大神呪。是
大明呪。是無上呪。是無等等呪。能除一切
苦。真實不虛。故說般若波羅蜜多呪。即說
呪曰。揭諦。揭諦。波羅揭諦。波羅僧揭諦。菩
提薩婆訶。

抄經人

迴向

年 月 日

般若波羅蜜多心經

玄奘法師譯

觀自在菩薩行深般若波羅蜜多時。照見五蘊皆空。度一切苦厄。舍利子。色不異空。空不異色。色即是空。空即是色。受想行識。亦復如是。舍利子。是諸法空相。不生不滅。不垢不淨。不增不減。是故空中無色。無受想。行。識。無眼耳。鼻。舌。身。意。無色。聲。香。味。觸。法。無眼界。乃至無意識界。無無明亦無無明盡。乃至無老死亦無老死盡。無苦。集。滅。道。無智亦無得。以無所得故。菩提薩埵依般若波羅蜜多故。心無罣礙。無罣礙故。無有恐怖。遠離顛倒夢想。究竟涅槃。三世諸佛依般若波羅蜜多故。得阿耨多羅三藐三菩提。故知般若波羅蜜多。是大神呪。是大明呪。是無上呪。是無等等呪。能除一切苦。真實不虛。故說般若波羅蜜多呪。即說呪曰。揭諦。揭諦。波羅揭諦。波羅僧揭諦。菩提薩婆訶。

抄經人

迴向

年　月　日

般若波羅蜜多心經　玄奘法師譯
觀自在菩薩行深般若波羅蜜多時。照見
五蘊皆空。度一切苦厄。舍利子。色不異空。
空不異色。色即是空。空即是色。受想行識。
亦復如是。舍利子。是諸法空相。不生不滅。
不垢不淨。不增不減。是故空中無色。無受。
想。行。識。無眼。耳。鼻。舌。身。意。無色。聲。香。味。觸。
法。無眼界。乃至無意識界。無無明亦無無
明盡。乃至無老死亦無老死盡。無苦集滅。
道。無智亦無得。以無所得故。菩提薩埵依
般若波羅蜜多故。心無罣礙。無罣礙故。無
有恐怖。遠離顛倒夢想。究竟涅槃。三世諸
佛依般若波羅蜜多故。得阿耨多羅三藐
三菩提。故知般若波羅蜜多。是大神呪。是
大明呪。是無上呪。是無等等呪。能除一切
苦。真實不虛。故說般若波羅蜜多呪。即說
呪曰。揭諦。揭諦。波羅揭諦。波羅僧揭諦。菩
提薩婆訶。

抄經人

迴向

年　月　日

般若波羅蜜多心經　玄奘法師譯
觀自在菩薩行深般若波羅蜜多時。照見
五蘊皆空。度一切苦厄。舍利子。色不異空。
空不異色。色即是空。空即是色。受想行識。
亦復如是。舍利子。是諸法空相。不生不滅。
不垢不淨。不增不減。是故空中無色。無受
想行識。無眼耳鼻舌身意。無色聲香味觸。
法。無眼界。乃至無意識界。無無明亦無無
明盡。乃至無老死。亦無老死盡。無苦集滅。
道。無智亦無得。以無所得故。菩提薩埵依
般若波羅蜜多故。心無罣礙。無罣礙故。無
有恐怖。遠離顛倒夢想。究竟涅槃。三世諸
佛依般若波羅蜜多故。得阿耨多羅三藐
三菩提。故知般若波羅蜜多。是大神呪。是
大明呪。是無上呪。是無等等呪。能除一切
苦。真實不虛。故說般若波羅蜜多呪。即說
呪曰。揭諦。揭諦。波羅揭諦。波羅僧揭諦。菩
提薩婆訶。

抄經人

迴向

年　月　日

般若波羅蜜多心經

玄奘法師譯

觀自在菩薩行深般若波羅蜜多時。照見
五蘊皆空。度一切苦厄。舍利子。色不異空。
空不異色。色即是空。空即是色。受想行識。
亦復如是。舍利子。是諸法空相。不生不滅。
不垢不淨。不增不減。是故空中無色。無受
想行識。無眼耳鼻舌身意。無色聲香味觸。
法。無眼界。乃至無意識界。無無明亦無無
明盡。乃至無老死亦無老死盡。無苦集滅。
道。無智亦無得。以無所得故。菩提薩埵依
般若波羅蜜多故。心無罣礙。無罣礙故。無
有恐怖。遠離顛倒夢想。究竟涅槃。三世諸
佛依般若波羅蜜多故。得阿耨多羅三藐
三菩提。故知般若波羅蜜多。是大神咒。是
大明咒。是無上咒。是無等等咒。能除一切
苦。真實不虛。故說般若波羅蜜多咒。即說
咒曰。揭諦。揭諦。波羅揭諦。波羅僧揭諦。菩
提薩婆訶。

抄經人

迴向

年　月　日

般若波羅蜜多心經　玄奘法師譯
觀自在菩薩行深般若波羅蜜多時。照見
五蘊皆空。度一切苦厄。舍利子。色不異空。
空不異色。色即是空。空即是色。受想行識。
亦復如是。舍利子。是諸法空相。不生不滅。
不垢不淨。不增不減。是故空中無色。無受
想。行。識。無眼。耳。鼻。舌。身。意。無色。聲。香。味。觸。
法。無眼界。乃至無意識界。無無明。亦無無
明盡。乃至無老死。亦無老死盡。無苦。集。滅。
道。無智亦無得。以無所得故。菩提薩埵依
般若波羅蜜多故。心無罣礙。無罣礙故。無
有恐怖。遠離顛倒夢想。究竟涅槃。三世諸
佛依般若波羅蜜多故。得阿耨多羅三藐
三菩提。故知般若波羅蜜多。是大神呪。是
大明呪。是無上呪。是無等等呪。能除一切
苦。真實不虛。故説般若波羅蜜多呪。即説
呪曰。揭諦。揭諦。波羅揭諦。波羅僧揭諦。菩
提薩婆訶。

抄經人

迴向

年　月　日

般若波羅蜜多心經

玄奘法師譯

觀自在菩薩行深般若波羅蜜多時。照見
五蘊皆空。度一切苦厄。舍利子。色不異空。
空不異色。色即是空。空即是色。受想行識。
亦復如是。舍利子。是諸法空相。不生不滅。
不垢不淨。不增不減。是故空中無色。無受
想行識。無眼耳鼻舌身意。無色聲香味觸。
法。無眼界。乃至無意識界。無無明亦無無
明盡。乃至無老死。亦無老死盡。無苦集滅。
道。無智亦無得。以無所得故。菩提薩埵依
般若波羅蜜多故。心無罣礙。無罣礙故。無
有恐怖。遠離顛倒夢想。究竟涅槃。三世諸
佛依般若波羅蜜多故。得阿耨多羅三藐
三菩提。故知般若波羅蜜多。是大神咒。是
大明咒。是無上咒。是無等等咒。能除一切
苦。真實不虛。故說般若波羅蜜多咒。即說
咒曰。揭諦揭諦。波羅揭諦。波羅僧揭諦。菩
提薩婆訶。

抄經人

迴向

年　月　日

般若波羅蜜多心經

玄奘法師譯

觀自在菩薩行深般若波羅蜜多時。照見五蘊皆空。度一切苦厄。舍利子。色不異空。空不異色。色即是空。空即是色。受想行識。亦復如是。舍利子。是諸法空相。不生不滅。不垢不淨。不增不減。是故空中無色。無受想。行。識。無眼。耳。鼻。舌。身。意。無色。聲。香。味。觸。法。無眼界。乃至無意識界。無無明。亦無無明盡。乃至無老死。亦無老死盡。無苦。集。滅。道。無智亦無得。以無所得故。菩提薩埵依般若波羅蜜多故。心無罣礙。無罣礙故。無有恐怖。遠離顛倒夢想。究竟涅槃。三世諸佛依般若波羅蜜多故。得阿耨多羅三藐三菩提。故知般若波羅蜜多。是大神呪。是大明呪。是無上呪。是無等等呪。能除一切苦。真實不虛。故説般若波羅蜜多呪。即説呪曰。揭諦。揭諦。波羅揭諦。波羅僧揭諦。菩提薩婆訶。

抄經人

迴向

年　月　日

般若波羅蜜多心經

玄奘法師譯

觀自在菩薩行深般若波羅蜜多時照見五蘊皆空。度一切苦厄。舍利子。色不異空。空不異色。色即是空。空即是色。受想行識。亦復如是。舍利子。是諸法空相。不生不滅。不垢不淨。不增不減。是故空中無色。無受想。行。識。無眼。耳。鼻。舌。身。意。無色。聲。香。味。觸。法。無眼界。乃至無意識界。無無明亦無無明盡。乃至無老死亦無老死盡。無苦。集。滅。道。無智亦無得。以無所得故。菩提薩埵依般若波羅蜜多故。心無罣礙。無罣礙故。無有恐怖。遠離顛倒夢想。究竟涅槃。三世諸佛依般若波羅蜜多故。得阿耨多羅三藐三菩提。故知般若波羅蜜多。是大神咒。是大明咒。是無上咒。是無等等咒。能除一切苦。真實不虛。故說般若波羅蜜多咒。即說咒曰。揭諦。揭諦。波羅揭諦。波羅僧揭諦。菩提薩婆訶。

抄經人

迴向

年　月　日

般若波羅蜜多心經

玄奘法師譯

觀自在菩薩行深般若波羅蜜多時照見五蘊皆空。度一切苦厄。舍利子。色不異空。空不異色。色即是空。空即是色。受。想。行。識。亦復如是。舍利子。是諸法空相。不生。不滅。不垢。不淨。不增。不減。是故空中無色。無受。想。行。識。無眼。耳。鼻。舌。身。意。無色。聲。香。味。觸。法。無眼界。乃至無意識界。無無明亦無無明盡。乃至無老死。亦無老死盡。無苦。集。滅。道。無智亦無得。以無所得故。菩提薩埵依般若波羅蜜多故。心無罣礙。無罣礙故。無有恐怖。遠離顛倒夢想。究竟涅槃。三世諸佛依般若波羅蜜多故。得阿耨多羅三藐三菩提。故知般若波羅蜜多。是大神咒。是大明咒。是無上咒。是無等等咒。能除一切苦。真實不虛。故說般若波羅蜜多咒。即說咒曰。揭諦。揭諦。波羅揭諦。波羅僧揭諦。菩提薩婆訶。

抄經人

迴向

年　月　日

般若波羅蜜多心經
玄奘㳒師譯

觀自在菩薩行深般若波羅蜜多時。照見五蘊皆空。度一切苦厄。舍利子。色不異空。空不異色。色即是空。空即是色。受想行識。亦復如是。舍利子。是諸㳒空相。不生不滅。不垢不淨。不增不減。是故空中無色。無受想行識。無眼耳鼻舌身意。無色聲香味觸㳒。無眼界。乃至無意識界。無無明亦無無明盡。乃至無老死。亦無老死盡。無苦集滅道。無智亦無得。以無所得故。菩提薩埵依般若波羅蜜多故。心無罣礙。無罣礙故。無有恐怖。遠離顛倒夢想。究竟涅槃。三世諸佛依般若波羅蜜多故。得阿耨多羅三藐三菩提。故知般若波羅蜜多。是大神呪。是大明呪。是無上呪。是無等等呪。能除一切苦。真實不虛。故説般若波羅蜜多呪。即説呪曰。揭諦揭諦。波羅揭諦。波羅僧揭諦。菩提薩婆訶。

抄經人

迴向

年　月　日

般若波羅蜜多心經　玄奘法師譯
觀自在菩薩行深般若波羅蜜多時。照見
五蘊皆空。度一切苦厄。舍利子。色不異空。
空不異色。色即是空。空即是色。受想行識。
亦復如是。舍利子。是諸法空相。不生不滅。
不垢不淨。不增不減。是故空中無色。無受
想。行。識。無眼。耳。鼻。舌。身。意。無色。聲。香。味。觸。
法。無眼界。乃至無意識界。無無明亦無無
明盡。乃至無老死亦無老死盡。無苦集滅。
道。無智亦無得。以無所得故。菩提薩埵依
般若波羅蜜多故。心無罣礙。無罣礙故。無
有恐怖。遠離顛倒夢想。究竟涅槃。三世諸
佛依般若波羅蜜多故。得阿耨多羅三藐
三菩提。故知般若波羅蜜多。是大神呪。是
大明呪。是無上呪。是無等等呪。能除一切
苦。真實不虛。故説般若波羅蜜多呪。即説
呪曰。揭諦。揭諦。波羅揭諦。波羅僧揭諦。菩
提薩婆訶。

抄經人

迴向

年　月　日

般若波羅蜜多心經　玄奘法師譯
觀自在菩薩行深般若波羅蜜多時。照見
五蘊皆空。度一切苦厄。舍利子。色不異空。
空不異色。色即是空。空即是色。受想行識。
亦復如是。舍利子。是諸法空相。不生不滅。
不垢不淨。不增不減。是故空中無色。無受
想。行。識。無眼耳鼻舌身意。無色聲香味觸。
法。無眼界。乃至無意識界。無無明亦無無
明盡。乃至無老死。亦無老死盡。無苦集滅。
道。無智亦無得。以無所得故。菩提薩埵依
般若波羅蜜多故。心無罣礙。無罣礙故。無
有恐怖。遠離顛倒夢想。究竟涅槃。三世諸
佛依般若波羅蜜多故。得阿耨多羅三藐
三菩提。故知般若波羅蜜多。是大神呪。是
大明呪。是無上呪。是無等等呪。能除一切
苦。真實不虛。故說般若波羅蜜多呪。即說
呪曰。揭諦揭諦。波羅揭諦。波羅僧揭諦。菩
提薩婆訶。

抄經人

迴向

年　月　日

般若波羅蜜多心經　玄奘法師譯
觀自在菩薩行深般若波羅蜜多時。照見
五蘊皆空。度一切苦厄。舍利子。色不異空。
空不異色。色即是空。空即是色。受想行識。
亦復如是。舍利子。是諸法空相。不生不滅。
不垢不淨。不增不減。是故。空中無色。無受
想。行。識。無眼。耳。鼻。舌。身。意。無色。聲。香。味。觸。
法。無眼界。乃至無意識界。無無明。亦無無
明盡。乃至無老死。亦無老死盡。無苦。集。滅。
道。無智亦無得。以無所得故。菩提薩埵依
般若波羅蜜多故。心無罣礙。無罣礙故。無
有恐怖。遠離顛倒夢想。究竟涅槃。三世諸
佛依般若波羅蜜多故。得阿耨多羅三藐
三菩提。故知般若波羅蜜多。是大神呪。是
大明呪。是無上呪。是無等等呪。能除一切
苦。真實不虛。故說般若波羅蜜多呪。即說
呪曰。揭諦揭諦。波羅揭諦。波羅僧揭諦。菩
提薩婆訶。

抄經人

迴向

年　月　日

般若波羅蜜多心經　玄奘法師譯
觀自在菩薩行深般若波羅蜜多時照見
五蘊皆空。度一切苦厄。舍利子。色不異空。
空不異色。色即是空。空即是色。受想行識。
亦復如是。舍利子。是諸法空相。不生不滅。
不垢不淨。不增不減。是故空中無色。無受
想行識。無眼耳鼻舌身意。無色聲香味觸。
法。無眼界。乃至無意識界。無無明亦無無
明盡。乃至無老死亦無老死盡。無苦集滅。
道。無智亦無得。以無所得故。菩提薩埵依
般若波羅蜜多故。心無罣礙。無罣礙故。無
有恐怖。遠離顛倒夢想。究竟涅槃。三世諸
佛依般若波羅蜜多故。得阿耨多羅三藐
三菩提。故知般若波羅蜜多。是大神呪。是
大明呪。是無上呪。是無等等呪。能除一切
苦。真實不虚。故説般若波羅蜜多呪。即説
呪曰。揭諦揭諦。波羅揭諦。波羅僧揭諦。菩
提薩婆訶。

抄經人

迴向

年　月　日

般若波羅蜜多心經　玄奘法師譯
觀自在菩薩行深般若波羅蜜多時。照見
五蘊皆空。度一切苦厄。舍利子。色不異空。
空不異色。色即是空。空即是色。受。想。行。識。
亦復如是。舍利子。是諸法空相。不生不滅。
不垢不淨。不增不減。是故空中無色。無受。
想。行。識。無眼。耳。鼻。舌。身。意。無色。聲。香。味。觸。
法。無眼界。乃至無意識界。無無明。亦無無
明盡。乃至無老死。亦無老死盡。無苦。集。滅。
道。無智亦無得。以無所得故。菩提薩埵依
般若波羅蜜多故。心無罣礙。無罣礙故。無
有恐怖。遠離顛倒夢想。究竟涅槃。三世諸
佛依般若波羅蜜多故。得阿耨多羅三藐
三菩提。故知般若波羅蜜多。是大神呪。是
大明呪。是無上呪。是無等等呪。能除一切
苦。真實不虛。故說般若波羅蜜多呪。即說
呪曰。揭諦。揭諦。波羅揭諦。波羅僧揭諦。菩
提薩婆訶。

抄經人

迴向

年　月　日

般若波羅蜜多心經　玄奘法師譯

觀自在菩薩行深般若波羅蜜多時。照見
五蘊皆空。度一切苦厄。舍利子。色不異空。
空不異色。色即是空。空即是色。受。想。行。識。
亦復如是。舍利子。是諸法空相。不生不滅。
不垢不淨。不增不減。是故空中無色。無受。
想。行。識。無眼。耳。鼻。舌。身。意。無色。聲。香。味。觸。
法。無眼界。乃至無意識界。無無明亦無無
明盡。乃至無老死。亦無老死盡。無苦。集。滅。
道。無智亦無得。以無所得故。菩提薩埵依
般若波羅蜜多故。心無罣礙。無罣礙故。無
有恐怖。遠離顛倒夢想。究竟涅槃。三世諸
佛依般若波羅蜜多故。得阿耨多羅三藐
三菩提。故知般若波羅蜜多。是大神呪。是
大明呪。是無上呪。是無等等呪。能除一切
苦。真實不虛。故說般若波羅蜜多呪。即說
呪曰。揭諦。揭諦。波羅揭諦。波羅僧揭諦。菩
提薩婆訶。

抄經人

迴向

年　月　日

般若波羅蜜多心經　玄奘法師譯
觀自在菩薩行深般若波羅蜜多時。照見
五蘊皆空。度一切苦厄。舍利子。色不異空。
空不異色。色即是空。空即是色。受想行識。
亦復如是。舍利子。是諸法空相。不生不滅。
不垢不淨。不增不減。是故空中無色。無受
想。行。識。無眼。耳。鼻。舌。身。意。無色。聲。香。味。觸。
法。無眼界。乃至無意識界。無無明。亦無無
明盡。乃至無老死。亦無老死盡。無苦。集。滅。
道。無智亦無得。以無所得故。菩提薩埵依
般若波羅蜜多故。心無罣礙。無罣礙故。無
有恐怖。遠離顛倒夢想。究竟涅槃。三世諸
佛依般若波羅蜜多故。得阿耨多羅三藐
三菩提。故知般若波羅蜜多。是大神呪。是
大明呪。是無上呪。是無等等呪。能除一切
苦。真實不虛。故説般若波羅蜜多呪。即説
呪曰。揭諦揭諦。波羅揭諦。波羅僧揭諦。菩
提薩婆訶。

抄經人

迴向

年　月　日

般若波羅蜜多心經

玄奘法師譯

觀自在菩薩行深般若波羅蜜多時。照見
五蘊皆空。度一切苦厄。舍利子。色不異空。
空不異色。色即是空。空即是色。受想行識。
亦復如是。舍利子。是諸法空相。不生不滅。
不垢不淨。不增不減。是故空中無色。無受
想行識。無眼耳鼻舌身意。無色聲香味觸。
法。無眼界。乃至無意識界。無無明亦無無
明盡。乃至無老死。亦無老死盡。無苦集滅。
道。無智亦無得。以無所得故。菩提薩埵依
般若波羅蜜多故。心無罣礙。無罣礙故。無
有恐怖。遠離顛倒夢想。究竟涅槃。三世諸
佛依般若波羅蜜多故。得阿耨多羅三藐
三菩提。故知般若波羅蜜多。是大神呪。是
大明呪。是無上呪。是無等等呪。能除一切
苦。真實不虛。故說般若波羅蜜多呪。即說
呪曰。揭諦揭諦。波羅揭諦。波羅僧揭諦。菩
提薩婆訶。

抄經人

迴向

年　月　日

般若波羅蜜多心經　玄奘法師譯

觀自在菩薩行深般若波羅蜜多時。照見
五蘊皆空。度一切苦厄。舍利子。色不異空。
空不異色。色即是空。空即是色。受想行識。
亦復如是。舍利子。是諸法空相。不生不滅。
不垢不淨。不增不減。是故。空中無色。無受
想行識。無眼耳鼻舌身意。無色聲香味觸。
法。無眼界。乃至無意識界。無無明亦無無
明盡。乃至無老死。亦無老死盡。無苦集滅。
道。無智亦無得。以無所得故。菩提薩埵依
般若波羅蜜多故。心無罣礙。無罣礙故。無
有恐怖。遠離顛倒夢想。究竟涅槃。三世諸
佛依般若波羅蜜多故。得阿耨多羅三藐
三菩提。故知般若波羅蜜多。是大神呪。是
大明呪。是無上呪。是無等等呪。能除一切
苦。真實不虚。故説般若波羅蜜多呪。即説
呪曰。揭諦。揭諦。波羅揭諦。波羅僧揭諦。菩
提薩婆訶。

抄經人

迴向

年　月　日

般若波羅蜜多心經　玄奘法師譯

觀自在菩薩行深般若波羅蜜多時照見五蘊皆空度一切苦厄。舍利子。色不異空。空不異色。色即是空。空即是色。受想行識。亦復如是。舍利子。是諸法空相。不生不滅。不垢不淨。不增不減。是故。空中無色。無受。想行識。無眼耳鼻舌身意。無色聲香味觸。法。無眼界。乃至無意識界。無無明亦無無明盡。乃至無老死亦無老死盡。無苦集滅。道。無智亦無得。以無所得故。菩提薩埵依般若波羅蜜多故。心無罣礙。無罣礙故。無有恐怖。遠離顛倒夢想。究竟涅槃。三世諸佛依般若波羅蜜多故。得阿耨多羅三藐三菩提。故知般若波羅蜜多。是大神呪。是大明呪。是無上呪。是無等等呪。能除一切苦。真實不虛。故説般若波羅蜜多呪。即説呪曰。揭諦。揭諦。波羅揭諦。波羅僧揭諦。菩提薩婆訶。

抄經人

迴向

年　月　日

般若波羅蜜多心經

玄奘法師譯

觀自在菩薩行深般若波羅蜜多時照見
五蘊皆空。度一切苦厄。舍利子。色不異空。
空不異色。色即是空。空即是色。受想行識。
亦復如是。舍利子。是諸法空相。不生不滅。
不垢不淨。不増不減。是故。空中無色。無受。
想。行。識。無眼。耳。鼻。舌。身。意。無色。聲。香。味。觸。
法。無眼界。乃至無意識界。無無明亦無無
明盡。乃至無老死亦無老死盡。無苦。集。滅。
道。無智亦無得。以無所得故。菩提薩埵依
般若波羅蜜多故。心無罣礙。無罣礙故。無
有恐怖。遠離顛倒夢想。究竟涅槃。三世諸
佛依般若波羅蜜多故。得阿耨多羅三藐
三菩提。故知般若波羅蜜多。是大神呪。是
大明呪。是無上呪。是無等等呪。能除一切
苦。真實不虚。故説般若波羅蜜多呪。即説
呪曰。揭諦。揭諦。波羅揭諦。波羅僧揭諦。菩
提薩婆訶。

抄經人

迴向

年　月　日

般若波羅蜜多心經　玄奘法師譯
觀自在菩薩行深般若波羅蜜多時。照見
五蘊皆空。度一切苦厄。舍利子。色不異空。
空不異色。色即是空。空即是色。受。想。行。識。
亦復如是。舍利子。是諸法空相。不生不滅。
不垢不淨。不增不減。是故空中無色。無受。
想。行。識。無眼。耳。鼻。舌。身。意。無色。聲。香。味。觸。
法。無眼界。乃至無意識界。無無明。亦無無
明盡。乃至無老死。亦無老死盡。無苦。集。滅。
道。無智亦無得。以無所得故。菩提薩埵依
般若波羅蜜多故。心無罣礙。無罣礙故。無
有恐怖。遠離顛倒夢想。究竟涅槃。三世諸
佛依般若波羅蜜多故。得阿耨多羅三藐
三菩提。故知般若波羅蜜多。是大神呪。是
大明呪。是無上呪。是無等等呪。能除一切
苦。真實不虛。故說般若波羅蜜多呪。即說
呪曰。揭諦。揭諦。波羅揭諦。波羅僧揭諦。菩
提薩婆訶。

抄經人

迴向

年　月　日

般若波羅蜜多心經　玄奘法師譯
觀自在菩薩行深般若波羅蜜多時。照見
五蘊皆空。度一切苦厄。舍利子。色不異空。
空不異色。色即是空。空即是色。受想行識。
亦復如是。舍利子。是諸法空相。不生不滅。
不垢不淨。不增不減。是故空中無色。無受。
想。行。識。無眼。耳。鼻。舌。身。意。無色。聲。香。味。觸。
法。無眼界。乃至無意識界。無無明亦無無
明盡。乃至無老死。亦無老死盡。無苦。集。滅。
道。無智亦無得。以無所得故。菩提薩埵依
般若波羅蜜多故。心無罣礙。無罣礙故。無
有恐怖。遠離顛倒夢想。究竟涅槃。三世諸
佛依般若波羅蜜多故。得阿耨多羅三藐
三菩提。故知般若波羅蜜多。是大神呪。是
大明呪。是無上呪。是無等等呪。能除一切
苦。真實不虛。故說般若波羅蜜多呪。即說
呪曰。揭諦揭諦。波羅揭諦。波羅僧揭諦。菩
提薩婆訶。

抄經人

迴向

年　月　日

般若波羅蜜多心經　玄奘法師譯

觀自在菩薩行深般若波羅蜜多時。照見五蘊皆空。度一切苦厄。舍利子。色不異空。空不異色。色即是空。空即是色。受。想。行。識。亦復如是。舍利子。是諸法空相。不生不滅。不垢不淨。不增不減。是故。空中無色。無受。想。行。識。無眼。耳。鼻。舌。身。意。無色。聲。香。味。觸。法。無眼界。乃至無意識界。無無明亦無無明盡。乃至無老死。亦無老死盡。無苦。集。滅。道。無智亦無得。以無所得故。菩提薩埵依般若波羅蜜多故。心無罣礙。無罣礙故。無有恐怖。遠離顛倒夢想。究竟涅槃。三世諸佛依般若波羅蜜多故。得阿耨多羅三藐三菩提。故知般若波羅蜜多。是大神咒。是大明咒。是無上咒。是無等等咒。能除一切苦。真實不虛。故說般若波羅蜜多咒。即說咒曰。揭諦。揭諦。波羅揭諦。波羅僧揭諦。菩提薩婆訶。

抄經人

迴向

年　月　日

般若波羅蜜多心經
玄奘法師譯

觀自在菩薩行深般若波羅蜜多時。照見
五蘊皆空。度一切苦厄。舍利子。色不異空。
空不異色。色即是空。空即是色。受想行識。
亦復如是。舍利子。是諸法空相。不生不滅。
不垢不淨。不增不減。是故空中無色。無受
想行識。無眼耳鼻舌身意。無色聲香味觸。
法。無眼界。乃至無意識界。無無明亦無無
明盡。乃至無老死。亦無老死盡。無苦集滅。
道。無智亦無得。以無所得故。菩提薩埵依
般若波羅蜜多故。心無罣礙。無罣礙故。無
有恐怖。遠離顛倒夢想。究竟涅槃。三世諸
佛依般若波羅蜜多故。得阿耨多羅三藐
三菩提。故知般若波羅蜜多。是大神呪。是
大明呪。是無上呪。是無等等呪。能除一切
苦。真實不虛。故說般若波羅蜜多呪。即說
呪曰。揭諦揭諦。波羅揭諦。波羅僧揭諦。菩
提薩婆訶。

抄經人

迴向

年　月　日

般若波羅蜜多心經　玄奘法師譯
觀自在菩薩行深般若波羅蜜多時。照見
五蘊皆空。度一切苦厄。舍利子。色不異空。
空不異色。色即是空。空即是色。受想行識。
亦復如是。舍利子。是諸法空相。不生不滅。
不垢不淨。不增不減。是故空中無色。無受
想。行。識。無眼。耳。鼻。舌。身。意。無色。聲。香。味。觸。
法。無眼界。乃至無意識界。無無明亦無無
明盡。乃至無老死亦無老死盡。無苦集滅。
道。無智亦無得。以無所得故。菩提薩埵依
般若波羅蜜多故。心無罣礙。無罣礙故。無
有恐怖。遠離顛倒夢想。究竟涅槃。三世諸
佛依般若波羅蜜多故。得阿耨多羅三藐
三菩提。故知般若波羅蜜多。是大神呪。是
大明呪。是無上呪。是無等等呪。能除一切
苦。真實不虛。故說般若波羅蜜多呪。即說
呪曰。揭諦揭諦。波羅揭諦。波羅僧揭諦。菩
提薩婆訶。

抄經人

迴向

年　月　日

般若波羅蜜多心經
玄奘法師譯
觀自在菩薩行深般若波羅蜜多時。照見
五蘊皆空。度一切苦厄。舍利子。色不異空。
空不異色。色即是空。空即是色。受想行識。
亦復如是。舍利子。是諸法空相。不生不滅。
不垢不淨。不增不減。是故空中無色。無受
想行識。無眼耳鼻舌身意。無色聲香味觸。
法。無眼界乃至無意識界。無無明亦無無
明盡。乃至無老死亦無老死盡。無苦集滅。
道。無智亦無得。以無所得故。菩提薩埵依
般若波羅蜜多故。心無罣礙。無罣礙故。無
有恐怖。遠離顛倒夢想。究竟涅槃。三世諸
佛依般若波羅蜜多故。得阿耨多羅三藐
三菩提。故知般若波羅蜜多。是大神呪。是
大明呪。是無上呪。是無等等呪。能除一切
苦。真實不虛。故說般若波羅蜜多呪。即說
呪曰。揭諦揭諦。波羅揭諦。波羅僧揭諦。菩
提薩婆訶。

抄經人

迴向

年　月　日

般若波羅蜜多心經　玄奘法師譯
觀自在菩薩行深般若波羅蜜多時。照見
五蘊皆空。度一切苦厄。舍利子。色不異空。
空不異色。色即是空。空即是色。受。想。行。識。
亦復如是。舍利子。是諸法空相。不生不滅。
不垢不淨。不增不減。是故。空中無色。無受。
想。行。識。無眼。耳。鼻。舌。身。意。無色。聲。香。味。觸。
法。無眼界。乃至無意識界。無無明亦無無
明盡。乃至無老死亦無老死盡。無苦。集。滅。
道。無智亦無得。以無所得故。菩提薩埵依
般若波羅蜜多故。心無罣礙。無罣礙故。無
有恐怖。遠離顛倒夢想。究竟涅槃。三世諸
佛依般若波羅蜜多故。得阿耨多羅三藐
三菩提。故知般若波羅蜜多。是大神呪。是
大明呪。是無上呪。是無等等呪。能除一切
苦。真實不虛。故説般若波羅蜜多呪。即説
呪曰。揭諦。揭諦。波羅揭諦。波羅僧揭諦。菩
提薩婆訶。

抄經人

迴向

年　月　日

般若波羅蜜多心經　玄奘法師譯
觀自在菩薩行深般若波羅蜜多時。照見
五蘊皆空。度一切苦厄。舍利子。色不異空。
空不異色。色即是空。空即是色。受想行識。
亦復如是。舍利子。是諸法空相。不生不滅。
不垢不淨。不增不減。是故。空中無色。無受。
想。行。識。無眼。耳。鼻。舌。身。意。無色。聲。香。味。觸。
法。無眼界。乃至無意識界。無無明亦無無
明盡。乃至無老死亦無老死盡。無苦。集。滅。
道。無智亦無得。以無所得故。菩提薩埵依
般若波羅蜜多故。心無罣礙。無罣礙故。無
有恐怖。遠離顛倒夢想。究竟涅槃。三世諸
佛依般若波羅蜜多故。得阿耨多羅三藐
三菩提。故知般若波羅蜜多。是大神呪。是
大明呪。是無上呪。是無等等呪。能除一切
苦。真實不虛。故說般若波羅蜜多呪。即說
呪曰。揭諦。揭諦。波羅揭諦。波羅僧揭諦。菩
提薩婆訶。

抄經人

迴向

年　月　日

般若波羅蜜多心經　玄奘法師譯

觀自在菩薩行深般若波羅蜜多時。照見五蘊皆空。度一切苦厄。舍利子。色不異空。空不異色。色即是空。空即是色。受想行識。亦復如是。舍利子。是諸法空相。不生不滅。不垢不淨。不增不減。是故空中無色。無受想行識。無眼耳鼻舌身意。無色聲香味觸法。無眼界。乃至無意識界。無無明亦無無明盡。乃至無老死亦無老死盡。無苦集滅道。無智亦無得。以無所得故。菩提薩埵依般若波羅蜜多故。心無罣礙。無罣礙故。無有恐怖。遠離顛倒夢想。究竟涅槃。三世諸佛依般若波羅蜜多故。得阿耨多羅三藐三菩提。故知般若波羅蜜多。是大神咒。是大明咒。是無上咒。是無等等咒。能除一切苦。真實不虛。故説般若波羅蜜多咒。即説咒曰。揭諦揭諦。波羅揭諦。波羅僧揭諦。菩提薩婆訶。

抄經人

迴向

年　月　日

般若波羅蜜多心經　玄奘法師譯

觀自在菩薩行深般若波羅蜜多時。照見
五蘊皆空。度一切苦厄。舍利子。色不異空。
空不異色。色即是空。空即是色。受想行識。
亦復如是。舍利子。是諸法空相。不生不滅。
不垢不淨。不增不減。是故空中無色。無受
想行識。無眼耳鼻舌身意。無色聲香味觸。
法。無眼界。乃至無意識界。無無明亦無無
明盡。乃至無老死。亦無老死盡。無苦集滅
道。無智亦無得。以無所得故。菩提薩埵依
般若波羅蜜多故。心無罣礙。無罣礙故。無
有恐怖。遠離顛倒夢想。究竟涅槃。三世諸
佛依般若波羅蜜多故。得阿耨多羅三藐
三菩提。故知般若波羅蜜多。是大神呪。是
大明呪。是無上呪。是無等等呪。能除一切
苦。真實不虛。故說般若波羅蜜多呪。即說
呪曰。揭諦揭諦。波羅揭諦。波羅僧揭諦。菩
提薩婆訶。

抄經人

迴向

年　月　日

般若波羅蜜多心經　玄奘法師譯

觀自在菩薩行深般若波羅蜜多時。照見五蘊皆空。度一切苦厄。舍利子。色不異空。空不異色。色即是空。空即是色。受想行識。亦復如是。舍利子。是諸法空相。不生不滅。不垢不淨。不增不減。是故。空中無色。無受想。行。識。無眼耳鼻舌身意。無色聲香味觸。法。無眼界。乃至無意識界。無無明亦無無明盡。乃至無老死。亦無老死盡。無苦集滅。道。無智亦無得。以無所得故。菩提薩埵依般若波羅蜜多故。心無罣礙。無罣礙故。無有恐怖。遠離顛倒夢想。究竟涅槃。三世諸佛依般若波羅蜜多故。得阿耨多羅三藐三菩提。故知般若波羅蜜多。是大神呪。是大明呪。是無上呪。是無等等呪。能除一切苦。真實不虛。故説般若波羅蜜多呪。即説呪曰。揭諦。揭諦。波羅揭諦。波羅僧揭諦。菩提薩婆訶。

抄經人

迴向

年　月　日

般若波羅蜜多心經　玄奘法師譯

觀自在菩薩行深般若波羅蜜多時照見五蘊皆空。度一切苦厄。舍利子。色不異空。空不異色。色即是空。空即是色。受想行識。亦復如是。舍利子。是諸法空相。不生不滅。不垢不淨。不增不減。是故空中無色。無受。想行識。無眼耳鼻舌身意。無色聲香味觸。法。無眼界。乃至無意識界。無無明亦無無明盡。乃至無老死。亦無老死盡。無苦集滅。道。無智亦無得。以無所得故。菩提薩埵依般若波羅蜜多故。心無罣礙。無罣礙故。無有恐怖。遠離顛倒夢想。究竟涅槃。三世諸佛依般若波羅蜜多故。得阿耨多羅三藐三菩提。故知般若波羅蜜多。是大神呪。是大明呪。是無上呪。是無等等呪。能除一切苦。真實不虛。故說般若波羅蜜多呪。即說呪曰。揭諦揭諦。波羅揭諦。波羅僧揭諦。菩提薩婆訶。

抄經人

迴向

年　月　日

般若波羅蜜多心經　玄奘法師譯
觀自在菩薩行深般若波羅蜜多時照見
五蘊皆空。度一切苦厄。舍利子。色不異空。
空不異色。色即是空。空即是色。受想行識。
亦復如是。舍利子。是諸法空相。不生不滅。
不垢不淨。不增不減。是故空中無色。無受
想行識。無眼耳鼻舌身意。無色聲香味觸。
法無眼界。乃至無意識界。無無明亦無無
明盡。乃至無老死。亦無老死盡。無苦集滅。
道。無智亦無得。以無所得故。菩提薩埵依
般若波羅蜜多故。心無罣礙。無罣礙故。無
有恐怖。遠離顛倒夢想。究竟涅槃。三世諸
佛依般若波羅蜜多故。得阿耨多羅三藐
三菩提。故知般若波羅蜜多。是大神呪。是
大明呪。是無上呪。是無等等呪。能除一切
苦。真實不虛。故說般若波羅蜜多呪。即說
呪曰。揭諦揭諦。波羅揭諦。波羅僧揭諦。菩
提薩婆訶。

抄經人

迴向

年　月　日

般若波羅蜜多心經　玄奘法師譯

觀自在菩薩行深般若波羅蜜多時。照見五蘊皆空。度一切苦厄。舍利子。色不異空。空不異色。色即是空。空即是色。受想行識。亦復如是。舍利子。是諸法空相。不生不滅。不垢不淨。不增不減。是故。空中無色。無受想。行。識。無眼耳鼻舌身意。無色聲香味觸。法。無眼界。乃至無意識界。無無明亦無無明盡。乃至無老死。亦無老死盡。無苦集滅。道。無智亦無得。以無所得故。菩提薩埵依般若波羅蜜多故。心無罣礙。無罣礙故。無有恐怖。遠離顛倒夢想。究竟涅槃。三世諸佛依般若波羅蜜多故。得阿耨多羅三藐三菩提。故知般若波羅蜜多。是大神咒。是大明咒。是無上咒。是無等等咒。能除一切苦。真實不虛。故說般若波羅蜜多咒。即說咒曰。揭諦。揭諦。波羅揭諦。波羅僧揭諦。菩提薩婆訶。

抄經人

迴向

年　月　日

般若波羅蜜多心經　玄奘法師譯

觀自在菩薩行深般若波羅蜜多時。照見五蘊皆空。度一切苦厄。舍利子。色不異空。空不異色。色即是空。空即是色。受想行識。亦復如是。舍利子。是諸法空相。不生不滅。不垢不淨。不增不減。是故。空中無色。無受想。行。識。無眼。耳。鼻。舌。身。意。無色。聲。香。味。觸。法。無眼界。乃至無意識界。無無明。亦無無明盡。乃至無老死。亦無老死盡。無苦。集。滅。道。無智亦無得。以無所得故。菩提薩埵依般若波羅蜜多故。心無罣礙。無罣礙故。無有恐怖。遠離顛倒夢想。究竟涅槃。三世諸佛依般若波羅蜜多故。得阿耨多羅三藐三菩提。故知般若波羅蜜多。是大神呪。是大明呪。是無上呪。是無等等呪。能除一切苦。真實不虛。故說般若波羅蜜多呪。即說呪曰。揭諦。揭諦。波羅揭諦。波羅僧揭諦。菩提薩婆訶。

抄經人

迴向

年　月　日

般若波羅蜜多心經　玄奘法師譯
觀自在菩薩行深般若波羅蜜多時照見
五蘊皆空。度一切苦厄。舍利子。色不異空。
空不異色。色即是空。空即是色。受想行識。
亦復如是。舍利子。是諸法空相。不生不滅。
不垢不淨。不增不減。是故空中無色。無受。
想。行。識。無眼。耳。鼻。舌。身。意。無色。聲。香。味。觸。
法。無眼界。乃至無意識界。無無明亦無無
明盡。乃至無老死。亦無老死盡。無苦。集。滅。
道。無智亦無得。以無所得故。菩提薩埵依
般若波羅蜜多故。心無罣礙。無罣礙故。無
有恐怖。遠離顛倒夢想。究竟涅槃。三世諸
佛依般若波羅蜜多故。得阿耨多羅三藐
三菩提。故知般若波羅蜜多。是大神呪。是
大明呪。是無上呪。是無等等呪。能除一切
苦。真實不虛。故說般若波羅蜜多呪。即說
呪曰。揭諦。揭諦。波羅揭諦。波羅僧揭諦。菩
提薩婆訶。

抄經人

迴向

年　月　日

般若波羅蜜多心經
玄奘法師譯
觀自在菩薩行深般若波羅蜜多時。照見
五蘊皆空。度一切苦厄。舍利子。色不異空。
空不異色。色即是空。空即是色。受想行識。
亦復如是。舍利子。是諸法空相。不生不滅。
不垢不淨。不增不減。是故。空中無色。無受。
想。行。識。無眼。耳。鼻。舌。身。意。無色。聲。香。味。觸。
法。無眼界。乃至無意識界。無無明亦無無
明盡。乃至無老死亦無老死盡。無苦。集。滅。
道。無智亦無得。以無所得故。菩提薩埵依
般若波羅蜜多故。心無罣礙。無罣礙故。無
有恐怖。遠離顛倒夢想。究竟涅槃。三世諸
佛依般若波羅蜜多故。得阿耨多羅三藐
三菩提。故知般若波羅蜜多。是大神呪。是
大明呪。是無上呪。是無等等呪。能除一切
苦。真實不虛。故說般若波羅蜜多呪。即說
呪曰。揭諦。揭諦。波羅揭諦。波羅僧揭諦。菩
提薩婆訶。

抄經人

迴向

年　月　日

般若波羅蜜多心經　玄奘法師譯

觀自在菩薩行深般若波羅蜜多時。照見五蘊皆空。度一切苦厄。舍利子。色不異空。空不異色。色即是空。空即是色。受。想。行。識。亦復如是。舍利子。是諸法空相。不生不滅。不垢不淨。不增不減。是故。空中無色。無受。想。行。識。無眼。耳。鼻。舌。身。意。無色。聲。香。味。觸。法。無眼界。乃至無意識界。無無明亦無無明盡。乃至無老死亦無老死盡。無苦集滅。道。無智亦無得。以無所得故。菩提薩埵依般若波羅蜜多故。心無罣礙。無罣礙故。無有恐怖。遠離顛倒夢想。究竟涅槃。三世諸佛依般若波羅蜜多故。得阿耨多羅三藐三菩提。故知般若波羅蜜多。是大神呪。是大明呪。是無上呪。是無等等呪。能除一切苦。真實不虛。故說般若波羅蜜多呪。即說呪曰。揭諦。揭諦。波羅揭諦。波羅僧揭諦。菩提薩婆訶。

抄經人

迴向

年　月　日

般若波羅蜜多心經

玄奘法師譯

觀自在菩薩行深般若波羅蜜多時。照見
五蘊皆空。度一切苦厄。舍利子。色不異空。
空不異色。色即是空。空即是色。受。想。行。識。
亦復如是。舍利子。是諸法空相。不生不滅。
不垢不淨。不增不減。是故。空中無色。無受。
想。行。識。無眼。耳。鼻。舌。身。意。無色。聲。香。味。觸。
法。無眼界。乃至無意識界。無無明。亦無無
明盡。乃至無老死。亦無老死盡。無苦。集。滅。
道。無智亦無得。以無所得故。菩提薩埵依
般若波羅蜜多故。心無罣礙。無罣礙故。無
有恐怖。遠離顛倒夢想。究竟涅槃。三世諸
佛依般若波羅蜜多故。得阿耨多羅三藐
三菩提。故知般若波羅蜜多。是大神呪。是
大明呪。是無上呪。是無等等呪。能除一切
苦。真實不虛。故說般若波羅蜜多呪。即說
呪曰。揭諦。揭諦。波羅揭諦。波羅僧揭諦。菩
提薩婆訶。

抄經人

迴向

年　月　日

般若波羅蜜多心經

玄奘法師譯

觀自在菩薩行深般若波羅蜜多時。照見
五蘊皆空。度一切苦厄。舍利子。色不異空。
空不異色。色即是空。空即是色。受想行識。
亦復如是。舍利子。是諸法空相。不生不滅。
不垢不淨。不增不減。是故空中無色。無受。
想。行。識。無眼耳鼻舌身意。無色聲香味觸。
法。無眼界。乃至無意識界。無無明亦無無
明盡。乃至無老死亦無老死盡。無苦集滅。
道。無智亦無得。以無所得故。菩提薩埵依
般若波羅蜜多故。心無罣礙。無罣礙故。無
有恐怖。遠離顛倒夢想。究竟涅槃。三世諸
佛依般若波羅蜜多故。得阿耨多羅三藐
三菩提。故知般若波羅蜜多。是大神咒。是
大明咒。是無上咒。是無等等咒。能除一切
苦。真實不虛。故說般若波羅蜜多咒。即說
咒曰。揭諦揭諦。波羅揭諦。波羅僧揭諦。菩
提薩婆訶。

抄經人

迴向

年　月　日

般若波羅蜜多心經

玄奘法師譯

觀自在菩薩行深般若波羅蜜多時。照見
五蘊皆空。度一切苦厄。舍利子。色不異空。
空不異色。色即是空。空即是色。受。想。行。識。
亦復如是。舍利子。是諸法空相。不生不滅。
不垢不淨。不增不減。是故。空中無色。無受。
想。行。識。無眼。耳。鼻。舌。身。意。無色。聲。香。味。觸。
法。無眼界。乃至無意識界。無無明亦無無
明盡。乃至無老死。亦無老死盡。無苦。集。滅。
道。無智亦無得。以無所得故。菩提薩埵依
般若波羅蜜多故。心無罣礙。無罣礙故。無
有恐怖。遠離顛倒夢想。究竟涅槃。三世諸
佛依般若波羅蜜多故。得阿耨多羅三藐
三菩提。故知般若波羅蜜多。是大神呪。是
大明呪。是無上呪。是無等等呪。能除一切
苦。真實不虛。故說般若波羅蜜多呪。即說
呪曰。揭諦。揭諦。波羅揭諦。波羅僧揭諦。菩
提薩婆訶。

抄經人

迴向

年　月　日

般若波羅蜜多心經　玄奘法師譯

觀自在菩薩行深般若波羅蜜多時。照見
五蘊皆空。度一切苦厄。舍利子。色不異空。
空不異色。色即是空。空即是色。受想行識。
亦復如是。舍利子。是諸法空相。不生不滅。
不垢不淨。不增不減。是故空中無色。無受
想。行。識。無眼。耳。鼻。舌。身。意。無色。聲。香。味。觸。
法。無眼界。乃至無意識界。無無明亦無無
明盡。乃至無老死。亦無老死盡。無苦集滅。
道。無智亦無得。以無所得故。菩提薩埵依
般若波羅蜜多故。心無罣礙。無罣礙故。無
有恐怖。遠離顛倒夢想。究竟涅槃。三世諸
佛依般若波羅蜜多故。得阿耨多羅三藐
三菩提。故知般若波羅蜜多。是大神咒。是
大明咒。是無上咒。是無等等咒。能除一切
苦。真實不虛。故說般若波羅蜜多咒。即說
咒曰。揭諦。揭諦。波羅揭諦。波羅僧揭諦。菩
提薩婆訶。

抄經人

迴向

年　月　日

般若波羅蜜多心經　玄奘法師譯
觀自在菩薩行深般若波羅蜜多時。照見
五蘊皆空。度一切苦厄。舍利子。色不異空。
空不異色。色即是空。空即是色。受想行識。
亦復如是。舍利子。是諸法空相。不生不滅。
不垢不淨。不增不減。是故空中無色。無受。
想。行。識。無眼。耳。鼻。舌。身。意。無色。聲。香。味。觸。
法。無眼界。乃至無意識界。無無明。亦無無
明盡。乃至無老死。亦無老死盡。無苦。集。滅。
道。無智亦無得。以無所得故。菩提薩埵依
般若波羅蜜多故。心無罣礙。無罣礙故。無
有恐怖。遠離顛倒夢想。究竟涅槃。三世諸
佛依般若波羅蜜多故。得阿耨多羅三藐
三菩提。故知般若波羅蜜多。是大神咒。是
大明咒。是無上咒。是無等等咒。能除一切
苦。真實不虛。故說般若波羅蜜多咒。即說
咒曰。揭諦。揭諦。波羅揭諦。波羅僧揭諦。菩
提薩婆訶。

抄經人

迴向

年　月　日

般若波羅蜜多心經　玄奘法師譯
觀自在菩薩行深般若波羅蜜多時。照見
五蘊皆空。度一切苦厄。舍利子。色不異空。
空不異色。色即是空。空即是色。受想行識。
亦復如是。舍利子。是諸法空相。不生不滅。
不垢不淨。不增不減。是故空中無色。無受
想。行。識。無眼耳鼻舌身意。無色聲香味觸。
法。無眼界。乃至無意識界。無無明亦無無
明盡。乃至無老死。亦無老死盡。無苦集滅。
道。無智亦無得。以無所得故。菩提薩埵依
般若波羅蜜多故。心無罣礙。無罣礙故。無
有恐怖。遠離顛倒夢想。究竟涅槃。三世諸
佛依般若波羅蜜多故。得阿耨多羅三藐
三菩提。故知般若波羅蜜多。是大神呪。是
大明呪。是無上呪。是無等等呪。能除一切
苦。真實不虛。故說般若波羅蜜多呪。即說
呪曰。揭諦揭諦。波羅揭諦。波羅僧揭諦。菩
提薩婆訶。

抄經人

迴向

年　月　日

般若波羅蜜多心經　玄奘法師譯

觀自在菩薩行深般若波羅蜜多時。照見
五蘊皆空。度一切苦厄。舍利子。色不異空。
空不異色。色即是空。空即是色。受想行識。
亦復如是。舍利子。是諸法空相。不生不滅。
不垢不淨。不增不減。是故空中無色。無受
想行識。無眼耳鼻舌身意。無色聲香味觸。
法。無眼界。乃至無意識界。無無明亦無無
明盡。乃至無老死亦無老死盡。無苦集滅
道。無智亦無得。以無所得故。菩提薩埵依
般若波羅蜜多故。心無罣礙。無罣礙故。無
有恐怖。遠離顛倒夢想。究竟涅槃。三世諸
佛依般若波羅蜜多故。得阿耨多羅三藐
三菩提。故知般若波羅蜜多。是大神呪。是
大明呪。是無上呪。是無等等呪。能除一切
苦。真實不虛。故説般若波羅蜜多呪。即説
呪曰。揭諦。揭諦。波羅揭諦。波羅僧揭諦。菩
提薩婆訶。

抄經人

迴向

年　月　日

般若波羅蜜多心經　玄奘法師譯
觀自在菩薩行深般若波羅蜜多時。照見
五蘊皆空。度一切苦厄。舍利子。色不異空。
空不異色。色即是空。空即是色。受想行識。
亦復如是。舍利子。是諸法空相。不生不滅。
不垢不淨。不增不減。是故。空中無色。無受。
想。行。識。無眼。耳。鼻。舌。身。意。無色。聲。香。味。觸。
法。無眼界。乃至無意識界。無無明亦無無
明盡。乃至無老死。亦無老死盡。無苦。集。滅。
道。無智亦無得。以無所得故。菩提薩埵依
般若波羅蜜多故。心無罣礙。無罣礙故。無
有恐怖。遠離顛倒夢想。究竟涅槃。三世諸
佛依般若波羅蜜多故。得阿耨多羅三藐
三菩提。故知般若波羅蜜多。是大神呪。是
大明呪。是無上呪。是無等等呪。能除一切
苦。真實不虛。故說般若波羅蜜多呪。即說
呪曰。揭諦揭諦。波羅揭諦。波羅僧揭諦。菩
提薩婆訶。

抄經人

迴向

年　月　日

般若波羅蜜多心經　玄奘法師譯
觀自在菩薩行深般若波羅蜜多時。照見
五蘊皆空。度一切苦厄。舍利子。色不異空。
空不異色。色即是空。空即是色。受想行識。
亦復如是。舍利子。是諸法空相。不生不滅。
不垢不淨。不增不減。是故。空中無色。無受。
想。行。識。無眼。耳。鼻。舌。身。意。無色。聲。香。味。觸。
法。無眼界。乃至無意識界。無無明。亦無無
明盡。乃至無老死。亦無老死盡。無苦。集。滅。
道。無智亦無得。以無所得故。菩提薩埵依
般若波羅蜜多故。心無罣礙。無罣礙故。無
有恐怖。遠離顛倒夢想。究竟涅槃。三世諸
佛依般若波羅蜜多故。得阿耨多羅三藐
三菩提。故知般若波羅蜜多。是大神呪。是
大明呪。是無上呪。是無等等呪。能除一切
苦。真實不虛。故説般若波羅蜜多呪。即説
呪曰。揭諦。揭諦。波羅揭諦。波羅僧揭諦。菩
提薩婆訶。

抄經人

迴向

年　月　日

般若波羅蜜多心經　玄奘法師譯

觀自在菩薩行深般若波羅蜜多時。照見五蘊皆空。度一切苦厄。舍利子。色不異空。空不異色。色即是空。空即是色。受想行識。亦復如是。舍利子。是諸法空相。不生不滅。不垢不淨。不增不減。是故空中無色。無受。想。行。識。無眼。耳。鼻。舌。身。意。無色。聲。香。味。觸。法。無眼界。乃至無意識界。無無明。亦無無明盡。乃至無老死。亦無老死盡。無苦。集。滅。道。無智亦無得。以無所得故。菩提薩埵依般若波羅蜜多故。心無罣礙。無罣礙故。無有恐怖。遠離顛倒夢想。究竟涅槃。三世諸佛依般若波羅蜜多故。得阿耨多羅三藐三菩提。故知般若波羅蜜多。是大神呪。是大明呪。是無上呪。是無等等呪。能除一切苦。真實不虛。故說般若波羅蜜多呪。即說呪曰。揭諦揭諦。波羅揭諦。波羅僧揭諦。菩提薩婆訶。

抄經人

迴向

年　月　日

般若波羅蜜多心經　玄奘法師譯
觀自在菩薩行深般若波羅蜜多時。照見
五蘊皆空。度一切苦厄。舍利子。色不異空。
空不異色。色即是空。空即是色。受想行識。
亦復如是。舍利子。是諸法空相。不生不滅。
不垢不淨。不增不減。是故空中無色。無受。
想行識。無眼耳鼻舌身意。無色聲香味觸。
法。無眼界。乃至無意識界。無無明亦無無
明盡。乃至無老死。亦無老死盡。無苦集滅。
道。無智亦無得。以無所得故。菩提薩埵依
般若波羅蜜多故。心無罣礙。無罣礙故。無
有恐怖。遠離顛倒夢想。究竟涅槃。三世諸
佛依般若波羅蜜多故。得阿耨多羅三藐
三菩提。故知般若波羅蜜多。是大神呪。是
大明呪。是無上呪。是無等等呪。能除一切
苦。真實不虛。故說般若波羅蜜多呪。即說
呪曰。揭諦揭諦。波羅揭諦。波羅僧揭諦。菩
提薩婆訶。

抄經人

迴向

年　月　日

般若波羅蜜多心經　玄奘法師譯
觀自在菩薩行深般若波羅蜜多時。照見
五蘊皆空。度一切苦厄。舍利子。色不異空。
空不異色。色即是空。空即是色。受。想。行。識。
亦復如是。舍利子。是諸法空相。不生不滅。
不垢不淨。不增不減。是故空中無色。無受。
想。行。識。無眼。耳。鼻。舌。身。意。無色。聲。香。味。觸。
法。無眼界。乃至無意識界。無無明。亦無無
明盡。乃至無老死。亦無老死盡。無苦。集。滅。
道。無智亦無得。以無所得故。菩提薩埵依
般若波羅蜜多故。心無罣礙。無罣礙故。無
有恐怖。遠離顛倒夢想。究竟涅槃。三世諸
佛依般若波羅蜜多故。得阿耨多羅三藐
三菩提。故知般若波羅蜜多。是大神呪。是
大明呪。是無上呪。是無等等呪。能除一切
苦。真實不虛。故說般若波羅蜜多呪。即說
呪曰。揭諦。揭諦。波羅揭諦。波羅僧揭諦。菩
提薩婆訶。

抄經人

迴向

年　月　日

般若波羅蜜多心經　玄奘法師譯
觀自在菩薩行深般若波羅蜜多時。照見
五蘊皆空。度一切苦厄。舍利子。色不異空。
空不異色。色即是空。空即是色。受。想。行。識。
亦復如是。舍利子。是諸法空相。不生不滅。
不垢不淨。不增不減。是故。空中無色。無受。
想。行。識。無眼。耳。鼻。舌。身。意。無色。聲。香。味。觸。
法。無眼界。乃至無意識界。無無明亦無無
明盡。乃至無老死。亦無老死盡。無苦。集。滅。
道。無智亦無得。以無所得故。菩提薩埵依
般若波羅蜜多故。心無罣礙。無罣礙故。無
有恐怖。遠離顛倒夢想。究竟涅槃。三世諸
佛依般若波羅蜜多故。得阿耨多羅三藐
三菩提。故知般若波羅蜜多。是大神呪。是
大明呪。是無上呪。是無等等呪。能除一切
苦。真實不虛。故說般若波羅蜜多呪。即說
呪曰。揭諦。揭諦。波羅揭諦。波羅僧揭諦。菩
提薩婆訶。

抄經人

迴向

年　月　日

般若波羅蜜多心經　玄奘法師譯

觀自在菩薩行深般若波羅蜜多時。照見五蘊皆空。度一切苦厄。舍利子。色不異空。空不異色。色即是空。空即是色。受想行識。亦復如是。舍利子。是諸法空相。不生不滅。不垢不淨。不增不減。是故空中無色。無受想。行。識。無眼。耳。鼻。舌。身。意。無色。聲。香。味。觸。法。無眼界。乃至無意識界。無無明。亦無無明盡。乃至無老死。亦無老死盡。無苦。集。滅。道。無智亦無得。以無所得故。菩提薩埵依般若波羅蜜多故。心無罣礙。無罣礙故。無有恐怖。遠離顛倒夢想。究竟涅槃。三世諸佛依般若波羅蜜多故。得阿耨多羅三藐三菩提。故知般若波羅蜜多。是大神咒。是大明咒。是無上咒。是無等等咒。能除一切苦。真實不虛。故說般若波羅蜜多咒。即說咒曰。揭諦揭諦。波羅揭諦。波羅僧揭諦。菩提薩婆訶。

抄經人

迴向

年　月　日

般若波羅蜜多心經　玄奘法師譯
觀自在菩薩行深般若波羅蜜多時。照見
五蘊皆空。度一切苦厄。舍利子。色不異空。
空不異色。色即是空。空即是色。受想行識。
亦復如是。舍利子。是諸法空相。不生不滅。
不垢不淨。不増不減。是故空中無色。無受。
想行識。無眼耳鼻舌身意。無色聲香味觸。
法。無眼界。乃至無意識界。無無明亦無無
明盡。乃至無老死。亦無老死盡。無苦集滅。
道。無智亦無得。以無所得故。菩提薩埵依
般若波羅蜜多故。心無罣礙。無罣礙故。無
有恐怖。遠離顛倒夢想。究竟涅槃。三世諸
佛依般若波羅蜜多故。得阿耨多羅三藐
三菩提。故知般若波羅蜜多。是大神呪。是
大明呪。是無上呪。是無等等呪。能除一切
苦。真實不虛。故說般若波羅蜜多呪。即說
呪曰。掲諦。掲諦。波羅掲諦。波羅僧掲諦。菩
提薩婆訶。

抄經人

迴向

年　月　日

般若波羅蜜多心經　玄奘法師譯
觀自在菩薩行深般若波羅蜜多時。照見
五蘊皆空。度一切苦厄。舍利子。色不異空。
空不異色。色即是空。空即是色。受想行識。
亦復如是。舍利子。是諸法空相。不生不滅。
不垢不淨。不增不減。是故空中無色。無受
想行識。無眼耳鼻舌身意。無色聲香味觸。
法。無眼界。乃至無意識界。無無明亦無無
明盡。乃至無老死。亦無老死盡。無苦集滅。
道。無智亦無得。以無所得故。菩提薩埵依
般若波羅蜜多故。心無罣礙。無罣礙故。無
有恐怖。遠離顛倒夢想。究竟涅槃。三世諸
佛依般若波羅蜜多故。得阿耨多羅三藐
三菩提。故知般若波羅蜜多。是大神呪。是
大明呪。是無上呪。是無等等呪。能除一切
苦。真實不虛。故說般若波羅蜜多呪。即說
呪曰。揭諦揭諦。波羅揭諦。波羅僧揭諦。菩
提薩婆訶。

抄經人

迴向

年　月　日

般若波羅蜜多心經　玄奘法師譯

觀自在菩薩行深般若波羅蜜多時。照見五蘊皆空。度一切苦厄。舍利子。色不異空。空不異色。色即是空。空即是色。受。想。行。識。亦復如是。舍利子。是諸法空相。不生不滅。不垢不淨。不增不減。是故。空中無色。無受想。行。識。無眼。耳。鼻。舌。身。意。無色。聲。香。味。觸。法。無眼界。乃至無意識界。無無明亦無無明盡。乃至無老死亦無老死盡。無苦。集。滅。道。無智亦無得。以無所得故。菩提薩埵依般若波羅蜜多故。心無罣礙。無罣礙故。無有恐怖。遠離顛倒夢想。究竟涅槃。三世諸佛依般若波羅蜜多故。得阿耨多羅三藐三菩提。故知般若波羅蜜多。是大神咒。是大明咒。是無上咒。是無等等咒。能除一切苦。真實不虛。故說般若波羅蜜多咒。即說咒曰。揭諦。揭諦。波羅揭諦。波羅僧揭諦。菩提薩婆訶。

抄經人

迴向

年　月　日

般若波羅蜜多心經　玄奘法師譯
觀自在菩薩行深般若波羅蜜多時。照見
五蘊皆空。度一切苦厄。舍利子。色不異空。
空不異色。色即是空。空即是色。受想行識。
亦復如是。舍利子。是諸法空相。不生不滅。
不垢不淨。不增不減。是故空中無色。無受
想。行。識。無眼。耳。鼻。舌。身。意。無色。聲。香。味。觸。
法。無眼界。乃至無意識界。無無明亦無無
明盡。乃至無老死。亦無老死盡。無苦。集。滅。
道。無智亦無得。以無所得故。菩提薩埵依
般若波羅蜜多故。心無罣礙。無罣礙故。無
有恐怖。遠離顛倒夢想。究竟涅槃。三世諸
佛依般若波羅蜜多故。得阿耨多羅三藐
三菩提。故知般若波羅蜜多。是大神呪。是
大明呪。是無上呪。是無等等呪。能除一切
苦。真實不虛。故説般若波羅蜜多呪。即説
呪曰。揭諦。揭諦。波羅揭諦。波羅僧揭諦。菩
提薩婆訶。

抄經人

迴向

年　月　日

般若波羅蜜多心經　玄奘法師譯

觀自在菩薩行深般若波羅蜜多時。照見五蘊皆空。度一切苦厄。舍利子。色不異空。空不異色。色即是空。空即是色。受。想。行。識。亦復如是。舍利子。是諸法空相。不生不滅。不垢不淨。不增不減。是故。空中無色。無受。想。行。識。無眼。耳。鼻。舌。身。意。無色。聲。香。味。觸。法。無眼界。乃至無意識界。無無明亦無無明盡。乃至無老死亦無老死盡。無苦。集。滅。道。無智亦無得。以無所得故。菩提薩埵依般若波羅蜜多故。心無罣礙。無罣礙故。無有恐怖。遠離顛倒夢想。究竟涅槃。三世諸佛依般若波羅蜜多故。得阿耨多羅三藐三菩提。故知般若波羅蜜多。是大神呪。是大明呪。是無上呪。是無等等呪。能除一切苦。真實不虛。故説般若波羅蜜多呪。即説呪曰。揭諦。揭諦。波羅揭諦。波羅僧揭諦。菩提薩婆訶。

抄經人

迴向

年　月　日

般若波羅蜜多心經　玄奘法師譯

觀自在菩薩行深般若波羅蜜多時。照見五蘊皆空。度一切苦厄。舍利子。色不異空。空不異色。色即是空。空即是色。受想行識。亦復如是。舍利子。是諸法空相。不生不滅。不垢不淨。不增不減。是故。空中無色。無受。想。行。識。無眼。耳。鼻。舌。身。意。無色。聲。香。味。觸。法。無眼界。乃至無意識界。無無明。亦無無明盡。乃至無老死。亦無老死盡。無苦。集。滅。道。無智亦無得。以無所得故。菩提薩埵依般若波羅蜜多故。心無罣礙。無罣礙故。無有恐怖。遠離顛倒夢想。究竟涅槃。三世諸佛依般若波羅蜜多故。得阿耨多羅三藐三菩提。故知般若波羅蜜多。是大神呪。是大明呪。是無上呪。是無等等呪。能除一切苦。真實不虛。故説般若波羅蜜多呪。即説呪曰。揭諦。揭諦。波羅揭諦。波羅僧揭諦。菩提薩婆訶。

抄經人

迴向

年　月　日

般若波羅蜜多心經　玄奘法師譯
觀自在菩薩行深般若波羅蜜多時。照見
五蘊皆空。度一切苦厄。舍利子。色不異空。
空不異色。色即是空。空即是色。受想行識。
亦復如是。舍利子。是諸法空相。不生不滅。
不垢不淨。不增不減。是故空中無色。無受
想。行。識。無眼。耳。鼻。舌。身。意。無色。聲。香。味。觸。
法。無眼界。乃至無意識界。無無明。亦無無
明盡。乃至無老死。亦無老死盡。無苦。集。滅。
道。無智亦無得。以無所得故。菩提薩埵依
般若波羅蜜多故。心無罣礙。無罣礙故。無
有恐怖。遠離顛倒夢想。究竟涅槃。三世諸
佛依般若波羅蜜多故。得阿耨多羅三藐
三菩提。故知般若波羅蜜多。是大神呪。是
大明呪。是無上呪。是無等等呪。能除一切
苦。真實不虛。故説般若波羅蜜多呪。即説
呪曰。揭諦。揭諦。波羅揭諦。波羅僧揭諦。菩
提薩婆訶。

抄經人

迴向

年　月　日

般若波羅蜜多心經　玄奘㳒師譯
觀自在菩薩行深般若波羅蜜多時。照見
五蘊皆空。度一切苦厄。舍利子。色不異空。
空不異色。色即是空。空即是色。受。想。行。識。
亦復如是。舍利子。是諸㳒空相。不生不滅。
不垢不淨。不增不減。是故。空中無色。無受。
想。行。識。無眼。耳。鼻。舌。身。意。無色。聲。香。味。觸。
㳒。無眼界。乃至無意識界。無無明亦無無
明盡。乃至無老死亦無老死盡。無苦。集。滅。
道。無智亦無得。以無所得故。菩提薩埵依
般若波羅蜜多故。心無罣礙。無罣礙故。無
有恐怖。遠離顛倒夢想。究竟涅槃。三世諸
佛依般若波羅蜜多故。得阿耨多羅三藐
三菩提。故知般若波羅蜜多。是大神呪。是
大明呪。是無上呪。是無等等呪。能除一切
苦。真實不虛。故說般若波羅蜜多呪。即說
呪曰。揭諦。揭諦。波羅揭諦。波羅僧揭諦。菩
提薩婆訶。

抄經人

迴向

年　月　日

般若波羅蜜多心經　玄奘法師譯

觀自在菩薩行深般若波羅蜜多時。照見
五蘊皆空。度一切苦厄。舍利子。色不異空。
空不異色。色即是空。空即是色。受想行識。
亦復如是。舍利子。是諸法空相。不生不滅。
不垢不淨。不增不減。是故空中無色。無受
想。行。識。無眼。耳。鼻。舌。身。意。無色。聲。香。味。觸。
法。無眼界。乃至無意識界。無無明亦無無
明盡。乃至無老死亦無老死盡。無苦集滅。
道。無智亦無得。以無所得故。菩提薩埵依
般若波羅蜜多故。心無罣礙。無罣礙故。無
有恐怖。遠離顛倒夢想。究竟涅槃。三世諸
佛依般若波羅蜜多故。得阿耨多羅三藐
三菩提。故知般若波羅蜜多。是大神呪。是
大明呪。是無上呪。是無等等呪。能除一切
苦。真實不虛。故說般若波羅蜜多呪。即說
呪曰。揭諦揭諦。波羅揭諦。波羅僧揭諦。菩
提薩婆訶。

抄經人

迴向

年　月　日

般若波羅蜜多心經　玄奘法師譯
觀自在菩薩行深般若波羅蜜多時。照見
五蘊皆空。度一切苦厄。舍利子。色不異空。
空不異色。色即是空。空即是色。受。想。行。識。
亦復如是。舍利子。是諸法空相。不生不滅。
不垢不淨。不增不減。是故空中無色。無受。
想。行。識。無眼。耳。鼻。舌。身。意。無色。聲。香。味。觸。
法。無眼界。乃至無意識界。無無明亦無無
明盡。乃至無老死亦無老死盡。無苦。集。滅。
道。無智亦無得。以無所得故。菩提薩埵依
般若波羅蜜多故。心無罣礙。無罣礙故。無
有恐怖。遠離顛倒夢想。究竟涅槃。三世諸
佛依般若波羅蜜多故。得阿耨多羅三藐
三菩提。故知般若波羅蜜多。是大神呪。是
大明呪。是無上呪。是無等等呪。能除一切
苦。真實不虛。故說般若波羅蜜多呪。即說
呪曰。揭諦揭諦。波羅揭諦。波羅僧揭諦。菩
提薩婆訶。

抄經人

迴向

年　月　日

般若波羅蜜多心經　玄奘法師譯
觀自在菩薩行深般若波羅蜜多時。照見
五蘊皆空。度一切苦厄。舍利子。色不異空。
空不異色。色即是空。空即是色。受想行識。
亦復如是。舍利子。是諸法空相。不生不滅。
不垢不淨。不增不減。是故空中無色。無受
想。行。識。無眼。耳。鼻。舌。身。意。無色。聲。香。味。觸。
法。無眼界。乃至無意識界。無無明。亦無無
明盡。乃至無老死。亦無老死盡。無苦集滅。
道。無智亦無得。以無所得故。菩提薩埵依
般若波羅蜜多故。心無罣礙。無罣礙故。無
有恐怖。遠離顛倒夢想。究竟涅槃。三世諸
佛依般若波羅蜜多故。得阿耨多羅三藐
三菩提。故知般若波羅蜜多。是大神呪。是
大明呪。是無上呪。是無等等呪。能除一切
苦。真實不虚。故説般若波羅蜜多呪。即説
呪曰。揭諦。揭諦。波羅揭諦。波羅僧揭諦。菩
提薩婆訶。

抄經人

迴向

年　月　日

般若波羅蜜多心經　玄奘法師譯

觀自在菩薩行深般若波羅蜜多時。照見
五蘊皆空。度一切苦厄。舍利子。色不異空。
空不異色。色即是空。空即是色。受想行識。
亦復如是。舍利子。是諸法空相。不生不滅。
不垢不淨。不增不減。是故空中無色。無受
想行識。無眼耳鼻舌身意。無色聲香味觸。
法。無眼界。乃至無意識界。無無明亦無無
明盡。乃至無老死亦無老死盡。無苦集滅。
道。無智亦無得。以無所得故。菩提薩埵依
般若波羅蜜多故。心無罣礙。無罣礙故。無
有恐怖。遠離顛倒夢想。究竟涅槃。三世諸
佛依般若波羅蜜多故。得阿耨多羅三藐
三菩提。故知般若波羅蜜多。是大神呪。是
大明呪。是無上呪。是無等等呪。能除一切
苦。真實不虛。故説般若波羅蜜多呪。即説
呪曰。揭諦。揭諦。波羅揭諦。波羅僧揭諦。菩
提薩婆訶。

抄經人

迴向

年　月　日

般若波羅蜜多心經　玄奘法師譯

觀自在菩薩行深般若波羅蜜多時。照見
五蘊皆空。度一切苦厄。舍利子。色不異空。
空不異色。色即是空。空即是色。受想行識。
亦復如是。舍利子。是諸法空相。不生不滅。
不垢不浄。不增不減。是故空中無色。無受
想行識。無眼耳鼻舌身意。無色聲香味觸。
法。無眼界。乃至無意識界。無無明亦無無
明盡。乃至無老死。亦無老死盡。無苦集滅。
道。無智亦無得。以無所得故。菩提薩埵依
般若波羅蜜多故。心無罣礙。無罣礙故。無
有恐怖。遠離顛倒夢想。究竟涅槃。三世諸
佛依般若波羅蜜多故。得阿耨多羅三藐
三菩提。故知般若波羅蜜多。是大神呪。是
大明呪。是無上呪。是無等等呪。能除一切
苦。真實不虛。故說般若波羅蜜多呪。即說
呪曰。揭諦揭諦。波羅揭諦。波羅僧揭諦。菩
提薩婆訶。

抄經人

迴向

年　月　日

般若波羅蜜多心經

玄奘法師譯

觀自在菩薩行深般若波羅蜜多時照見五蘊皆空。度一切苦厄。舍利子。色不異空。空不異色。色即是空。空即是色。受。想。行。識。亦復如是。舍利子。是諸法空相。不生不滅。不垢不淨。不增不減。是故空中無色。無受想。行。識。無眼耳。鼻。舌。身。意。無色。聲。香。味。觸。法。無眼界。乃至無意識界。無無明亦無無明盡。乃至無老死。亦無老死盡。無苦。集。滅。道。無智亦無得。以無所得故。菩提薩埵依般若波羅蜜多故。心無罣礙。無罣礙故。無有恐怖。遠離顛倒夢想。究竟涅槃。三世諸佛依般若波羅蜜多故。得阿耨多羅三藐三菩提。故知般若波羅蜜多。是大神呪。是大明呪。是無上呪。是無等等呪。能除一切苦。真實不虛。故說般若波羅蜜多呪。即說呪曰。揭諦揭諦。波羅揭諦。波羅僧揭諦。菩提薩婆訶。

抄經人

迴向

年　月　日

般若波羅蜜多心經　玄奘法師譯

觀自在菩薩行深般若波羅蜜多時。照見五蘊皆空。度一切苦厄。舍利子。色不異空。空不異色。色即是空。空即是色。受。想。行。識。亦復如是。舍利子。是諸法空相。不生不滅。不垢不淨。不增不減。是故。空中無色。無受。想。行。識。無眼。耳。鼻。舌。身。意。無色。聲。香。味。觸。法。無眼界。乃至無意識界。無無明。亦無無明盡。乃至無老死。亦無老死盡。無苦。集。滅。道。無智亦無得。以無所得故。菩提薩埵依般若波羅蜜多故。心無罣礙。無罣礙故。無有恐怖。遠離顛倒夢想。究竟涅槃。三世諸佛依般若波羅蜜多故。得阿耨多羅三藐三菩提。故知般若波羅蜜多。是大神呪。是大明呪。是無上呪。是無等等呪。能除一切苦。真實不虛。故説般若波羅蜜多呪。即説呪曰。揭諦。揭諦。波羅揭諦。波羅僧揭諦。菩提薩婆訶。

抄經人

迴向

年　月　日

般若波羅蜜多心經　玄奘法師譯
觀自在菩薩行深般若波羅蜜多時。照見
五蘊皆空。度一切苦厄。舍利子。色不異空。
空不異色。色即是空。空即是色。受想行識。
亦復如是。舍利子。是諸法空相。不生不滅。
不垢不淨。不增不減。是故。空中無色。無受
想。行。識。無眼。耳。鼻。舌。身。意。無色。聲。香。味。觸。
法。無眼界。乃至無意識界。無無明亦無無
明盡。乃至無老死。亦無老死盡。無苦集滅。
道。無智亦無得。以無所得故。菩提薩埵依
般若波羅蜜多故。心無罣礙。無罣礙故。無
有恐怖。遠離顛倒夢想。究竟涅槃。三世諸
佛依般若波羅蜜多故。得阿耨多羅三藐
三菩提。故知般若波羅蜜多。是大神呪。是
大明呪。是無上呪。是無等等呪。能除一切
苦。真實不虛。故說般若波羅蜜多呪。即說
呪曰。揭諦揭諦。波羅揭諦。波羅僧揭諦。菩
提薩婆訶。

抄經人

迴向

年　月　日

般若波羅蜜多心經

玄奘法師譯

觀自在菩薩行深般若波羅蜜多時。照見五蘊皆空。度一切苦厄。舍利子。色不異空。空不異色。色即是空。空即是色。受想行識。亦復如是。舍利子。是諸法空相。不生不滅。不垢不淨。不增不減。是故空中無色。無受想。行。識。無眼。耳。鼻。舌。身。意。無色。聲。香。味。觸。法。無眼界乃至無意識界。無無明亦無無明盡。乃至無老死。亦無老死盡。無苦。集。滅。道。無智亦無得。以無所得故。菩提薩埵依般若波羅蜜多故。心無罣礙。無罣礙故。無有恐怖。遠離顛倒夢想。究竟涅槃。三世諸佛依般若波羅蜜多故。得阿耨多羅三藐三菩提。故知般若波羅蜜多。是大神咒。是大明咒。是無上咒。是無等等咒。能除一切苦。真實不虛。故說般若波羅蜜多咒。即說咒曰。揭諦。揭諦。波羅揭諦。波羅僧揭諦。菩提薩婆訶。

抄經人

迴向

年　月　日

般若波羅蜜多心經　玄奘法師譯

觀自在菩薩行深般若波羅蜜多時。照見
五蘊皆空。度一切苦厄。舍利子。色不異空。
空不異色。色即是空。空即是色。受想行識。
亦復如是。舍利子。是諸法空相。不生不滅。
不垢不淨。不增不減。是故空中無色。無受。
想。行。識。無眼。耳。鼻。舌。身。意。無色。聲。香。味。觸。
法。無眼界。乃至無意識界。無無明。亦無無
明盡。乃至無老死。亦無老死盡。無苦。集。滅。
道。無智亦無得。以無所得故。菩提薩埵依
般若波羅蜜多故。心無罣礙。無罣礙故。無
有恐怖。遠離顛倒夢想。究竟涅槃。三世諸
佛依般若波羅蜜多故。得阿耨多羅三藐
三菩提。故知般若波羅蜜多。是大神呪。是
大明呪。是無上呪。是無等等呪。能除一切
苦。真實不虛。故說般若波羅蜜多呪。即說
呪曰。揭諦。揭諦。波羅揭諦。波羅僧揭諦。菩
提薩婆訶。

抄經人

迴向

年　月　日

般若波羅蜜多心經　玄奘法師譯
觀自在菩薩行深般若波羅蜜多時。照見
五蘊皆空。度一切苦厄。舍利子。色不異空。
空不異色。色即是空。空即是色。受。想。行。識。
亦復如是。舍利子。是諸法空相。不生不滅。
不垢不淨。不增不減。是故空中無色。無受。
想。行。識。無眼。耳。鼻。舌。身。意。無色。聲。香。味。觸。
法。無眼界。乃至無意識界。無無明。亦無無
明盡。乃至無老死。亦無老死盡。無苦集滅。
道。無智亦無得。以無所得故。菩提薩埵依
般若波羅蜜多故。心無罣礙。無罣礙故。無
有恐怖。遠離顛倒夢想。究竟涅槃。三世諸
佛依般若波羅蜜多故。得阿耨多羅三藐
三菩提。故知般若波羅蜜多。是大神呪。是
大明呪。是無上呪。是無等等呪。能除一切
苦。真實不虛。故說般若波羅蜜多呪。即說
呪曰。揭諦。揭諦。波羅揭諦。波羅僧揭諦。菩
提薩婆訶。

抄經人

迴向

年　月　日

般若波羅蜜多心經　玄奘法師譯

觀自在菩薩行深般若波羅蜜多時照見
五蘊皆空度一切苦厄。舍利子。色不異空。
空不異色。色即是空。空即是色。受想行識。
亦復如是。舍利子。是諸法空相。不生不滅。
不垢不淨。不增不減。是故空中無色。無受
想行識。無眼耳鼻舌身意。無色聲香味觸
法。無眼界。乃至無意識界。無無明亦無無
明盡。乃至無老死亦無老死盡。無苦集滅
道。無智亦無得。以無所得故。菩提薩埵依
般若波羅蜜多故。心無罣礙。無罣礙故。無
有恐怖。遠離顛倒夢想。究竟涅槃。三世諸
佛依般若波羅蜜多故。得阿耨多羅三藐
三菩提。故知般若波羅蜜多。是大神咒。是
大明咒。是無上咒。是無等等咒。能除一切
苦。真實不虛。故説般若波羅蜜多咒。即説
咒曰。揭諦揭諦。波羅揭諦。波羅僧揭諦。菩
提薩婆訶。

抄經人

迴向

年　月　日

般若波羅蜜多心經　玄奘法師譯
觀自在菩薩行深般若波羅蜜多時。照見
五蘊皆空。度一切苦厄。舍利子。色不異空。
空不異色。色即是空。空即是色。受想行識。
亦復如是。舍利子。是諸法空相。不生不滅。
不垢不淨。不增不減。是故空中。無色。無受
想行識。無眼。耳。鼻。舌。身。意。無色。聲。香。味。觸。
法。無眼界。乃至無意識界。無無明。亦無無
明盡。乃至無老死。亦無老死盡。無苦。集。滅。
道。無智亦無得。以無所得故。菩提薩埵依
般若波羅蜜多故。心無罣礙。無罣礙故。無
有恐怖。遠離顛倒夢想。究竟涅槃。三世諸
佛依般若波羅蜜多故。得阿耨多羅三藐
三菩提。故知般若波羅蜜多。是大神呪。是
大明呪。是無上呪。是無等等呪。能除一切
苦。真實不虛。故説般若波羅蜜多呪。即説
呪曰。揭諦。揭諦。波羅揭諦。波羅僧揭諦。菩
提薩婆訶。

抄經人

迴向

年　月　日

般若波羅蜜多心經　玄奘法師譯

觀自在菩薩行深般若波羅蜜多時。照見五蘊皆空。度一切苦厄。舍利子。色不異空。空不異色。色即是空。空即是色。受想行識。亦復如是。舍利子。是諸法空相。不生不滅。不垢不淨。不增不減。是故空中無色。無受想行識。無眼耳鼻舌身意。無色聲香味觸法。無眼界。乃至無意識界。無無明亦無無明盡。乃至無老死亦無老死盡。無苦集滅道。無智亦無得。以無所得故。菩提薩埵依般若波羅蜜多故。心無罣礙。無罣礙故。無有恐怖。遠離顛倒夢想。究竟涅槃。三世諸佛依般若波羅蜜多故。得阿耨多羅三藐三菩提。故知般若波羅蜜多。是大神呪。是大明呪。是無上呪。是無等等呪。能除一切苦。真實不虛。故說般若波羅蜜多呪。即說呪曰。揭諦揭諦。波羅揭諦。波羅僧揭諦。菩提薩婆訶。

抄經人

迴向

年　月　日

般若波羅蜜多心經

玄奘法師譯

觀自在菩薩行深般若波羅蜜多時照見
五蘊皆空度一切苦厄舍利子色不異空
空不異色色即是空空即是色受想行識
亦復如是舍利子是諸法空相不生不滅
不垢不淨不增不減是故空中無色無受
想行識無眼耳鼻舌身意無色聲香味觸
法無眼界乃至無意識界無無明亦無無
明盡乃至無老死亦無老死盡無苦集滅
道無智亦無得以無所得故菩提薩埵依
般若波羅蜜多故心無罣礙無罣礙故無
有恐怖遠離顛倒夢想究竟涅槃三世諸
佛依般若波羅蜜多故得阿耨多羅三藐
三菩提故知般若波羅蜜多是大神呪是
大明呪是無上呪是無等等呪能除一切
苦真實不虛故説般若波羅蜜多呪即説
呪曰羯諦羯諦波羅羯諦波羅僧羯諦菩
提薩婆訶

抄經人

迴向

年　月　日

般若波羅蜜多心經　玄奘法師譯

觀自在菩薩行深般若波羅蜜多時。照見
五蘊皆空。度一切苦厄。舍利子。色不異空。
空不異色。色即是空。空即是色。受想行識。
亦復如是。舍利子。是諸法空相。不生不滅。
不垢不淨。不增不減。是故。空中無色。無受
想。行。識。無眼。耳。鼻。舌。身。意。無色。聲。香。味。觸。
法。無眼界。乃至無意識界。無無明。亦無無
明盡。乃至無老死。亦無老死盡。無苦。集。滅。
道。無智亦無得。以無所得故。菩提薩埵依
般若波羅蜜多故。心無罣礙。無罣礙故。無
有恐怖。遠離顛倒夢想。究竟涅槃。三世諸
佛依般若波羅蜜多故。得阿耨多羅三藐
三菩提。故知般若波羅蜜多。是大神咒。是
大明咒。是無上咒。是無等等咒。能除一切
苦。真實不虛。故說般若波羅蜜多咒。即說
咒曰。揭諦。揭諦。波羅揭諦。波羅僧揭諦。菩
提薩婆訶。

抄經人

迴向

年　月　日

般若波羅蜜多心經　玄奘法師譯

觀自在菩薩行深般若波羅蜜多時。照見五蘊皆空。度一切苦厄。舍利子。色不異空。空不異色。色即是空。空即是色。受想行識。亦復如是。舍利子。是諸法空相。不生不滅。不垢不淨。不增不減。是故空中無色。無受想。行。識。無眼。耳。鼻。舌。身。意。無色。聲。香。味。觸。法。無眼界。乃至無意識界。無無明。亦無無明盡。乃至無老死。亦無老死盡。無苦。集。滅。道。無智亦無得。以無所得故。菩提薩埵依般若波羅蜜多故。心無罣礙。無罣礙故。無有恐怖。遠離顛倒夢想。究竟涅槃。三世諸佛依般若波羅蜜多故。得阿耨多羅三藐三菩提。故知般若波羅蜜多。是大神呪。是大明呪。是無上呪。是無等等呪。能除一切苦。真實不虛。故説般若波羅蜜多呪。即説呪曰。揭諦。揭諦。波羅揭諦。波羅僧揭諦。菩提薩婆訶。

抄經人

迴向

年　月　日

般若波羅蜜多心經　玄奘法師譯
觀自在菩薩行深般若波羅蜜多時。照見
五蘊皆空。度一切苦厄。舍利子。色不異空。
空不異色。色即是空。空即是色。受想行識。
亦復如是。舍利子。是諸法空相。不生不滅
不垢不淨。不增不減。是故空中無色。無受
想行識。無眼耳鼻舌身意。無色聲香味觸。
法。無眼界。乃至無意識界。無無明亦無無
明盡。乃至無老死。亦無老死盡。無苦集滅。
道。無智亦無得。以無所得故。菩提薩埵依
般若波羅蜜多故。心無罣礙。無罣礙故。無
有恐怖。遠離顛倒夢想。究竟涅槃。三世諸
佛依般若波羅蜜多故。得阿耨多羅三藐
三菩提。故知般若波羅蜜多。是大神呪。是
大明呪。是無上呪。是無等等呪。能除一切
苦。真實不虛。故說般若波羅蜜多呪。即說
呪曰。揭諦揭諦。波羅揭諦。波羅僧揭諦。菩
提薩婆訶。

抄經人

迴向

年　月　日

般若波羅蜜多心經　玄奘法師譯
觀自在菩薩行深般若波羅蜜多時。照見
五蘊皆空。度一切苦厄。舍利子。色不異空。
空不異色。色即是空。空即是色。受想行識。
亦復如是。舍利子。是諸法空相。不生不滅。
不垢不淨。不增不減。是故空中無色。無受。
想。行。識。無眼。耳。鼻。舌。身。意。無色。聲。香。味。觸。
法。無眼界。乃至無意識界。無無明。亦無無
明盡。乃至無老死。亦無老死盡。無苦。集。滅。
道。無智亦無得。以無所得故。菩提薩埵依
般若波羅蜜多故。心無罣礙。無罣礙故。無
有恐怖。遠離顛倒夢想。究竟涅槃。三世諸
佛依般若波羅蜜多故。得阿耨多羅三藐
三菩提。故知般若波羅蜜多。是大神呪。是
大明呪。是無上呪。是無等等呪。能除一切
苦。真實不虛。故說般若波羅蜜多呪。即說
呪曰。揭諦揭諦。波羅揭諦。波羅僧揭諦。菩
提薩婆訶。

抄經人

迴向

年　月　日

般若波羅蜜多心經　玄奘法師譯
觀自在菩薩行深般若波羅蜜多時照見
五蘊皆空度一切苦厄。舍利子。色不異空。
空不異色。色即是空。空即是色。受想行識。
亦復如是。舍利子。是諸法空相。不生不滅。
不垢不淨。不增不減。是故空中無色。無受
想行識。無眼耳鼻舌身意。無色聲香味觸。
法。無眼界。乃至無意識界。無無明亦無無
明盡。乃至無老死亦無老死盡。無苦集滅。
道。無智亦無得。以無所得故。菩提薩埵依
般若波羅蜜多故。心無罣礙。無罣礙故。無
有恐怖。遠離顛倒夢想。究竟涅槃。三世諸
佛依般若波羅蜜多故。得阿耨多羅三藐
三菩提。故知般若波羅蜜多。是大神呪。是
大明呪。是無上呪。是無等等呪。能除一切
苦。真實不虚。故說般若波羅蜜多呪。即說
呪曰。揭諦揭諦。波羅揭諦。波羅僧揭諦。菩
提薩婆訶。

抄經人

迴向

年　月　日

般若波羅蜜多心經　玄奘法師譯
觀自在菩薩行深般若波羅蜜多時。照見
五蘊皆空。度一切苦厄。舍利子。色不異空。
空不異色。色即是空。空即是色。受想行識。
亦復如是。舍利子。是諸法空相。不生不滅。
不垢不浄。不増不減。是故空中。無色。無受。
想。行。識。無眼。耳。鼻。舌。身。意。無色。聲。香。味。觸。
法。無眼界。乃至無意識界。無無明。亦無無
明盡。乃至無老死。亦無老死盡。無苦。集。滅。
道。無智亦無得。以無所得故。菩提薩埵依
般若波羅蜜多故。心無罣礙。無罣礙故。無
有恐怖。遠離顛倒夢想。究竟涅槃。三世諸
佛依般若波羅蜜多故。得阿耨多羅三藐
三菩提。故知般若波羅蜜多。是大神呪。是
大明呪。是無上呪。是無等等呪。能除一切
苦。真實不虛。故説般若波羅蜜多呪。即説
呪曰。揭諦。揭諦。波羅揭諦。波羅僧揭諦。菩
提薩婆訶。

抄經人

迴向

年　月　日

般若波羅蜜多心經　玄奘法師譯
觀自在菩薩行深般若波羅蜜多時照見
五蘊皆空。度一切苦厄。舍利子。色不異空。
空不異色。色即是空。空即是色。受想行識。
亦復如是。舍利子。是諸法空相。不生不滅。
不垢不淨。不增不減。是故空中無色。無受。
想。行。識。無眼。耳。鼻。舌。身。意。無色。聲。香。味。觸。
法。無眼界。乃至無意識界。無無明亦無無
明盡。乃至無老死亦無老死盡。無苦集滅。
道。無智亦無得。以無所得故。菩提薩埵依
般若波羅蜜多故。心無罣礙。無罣礙故。無
有恐怖。遠離顛倒夢想。究竟涅槃。三世諸
佛依般若波羅蜜多故。得阿耨多羅三藐
三菩提。故知般若波羅蜜多。是大神呪。是
大明呪。是無上呪。是無等等呪。能除一切
苦。真實不虛。故說般若波羅蜜多呪。即說
呪曰。揭諦。揭諦。波羅揭諦。波羅僧揭諦。菩
提薩婆訶。

抄經人

迴向

年　月　日

般若波羅蜜多心經

玄奘法師譯

觀自在菩薩行深般若波羅蜜多時照見
五蘊皆空。度一切苦厄。舍利子。色不異空。
空不異色。色即是空。空即是色。受想行識。
亦復如是。舍利子。是諸法空相。不生不滅。
不垢不淨。不增不減。是故空中無色。無受
想行識。無眼耳鼻舌身意。無色聲香味觸。
法。無眼界乃至無意識界。無無明亦無無
明盡。乃至無老死亦無老死盡。無苦集滅。
道。無智亦無得。以無所得故。菩提薩埵依
般若波羅蜜多故。心無罣礙。無罣礙故。無
有恐怖。遠離顛倒夢想。究竟涅槃。三世諸
佛依般若波羅蜜多故。得阿耨多羅三藐
三菩提。故知般若波羅蜜多。是大神呪。是
大明呪。是無上呪。是無等等呪。能除一切
苦。真實不虛。故説般若波羅蜜多呪。即説
呪曰。揭諦揭諦。波羅揭諦。波羅僧揭諦。菩
提薩婆訶。

抄經人

迴向

年　月　日

般若波羅蜜多心經　玄奘法師譯
觀自在菩薩行深般若波羅蜜多時。照見
五蘊皆空。度一切苦厄。舍利子。色不異空。
空不異色。色即是空。空即是色。受想行識。
亦復如是。舍利子。是諸法空相。不生不滅。
不垢不淨。不增不減。是故。空中無色。無受
想。行。識。無眼。耳。鼻。舌。身。意。無色。聲。香。味。觸。
法。無眼界。乃至無意識界。無無明亦無無
明盡。乃至無老死。亦無老死盡。無苦集滅。
道。無智亦無得。以無所得故。菩提薩埵依
般若波羅蜜多故。心無罣礙。無罣礙故。無
有恐怖。遠離顛倒夢想。究竟涅槃。三世諸
佛依般若波羅蜜多故。得阿耨多羅三藐
三菩提。故知般若波羅蜜多。是大神呪。是
大明呪。是無上呪。是無等等呪。能除一切
苦。真實不虛。故說般若波羅蜜多呪。即說
呪曰。揭諦揭諦。波羅揭諦。波羅僧揭諦。菩
提薩婆訶。

抄經人

迴向

年　月　日

寫心經：108遍圓滿祝福版

範帖書寫　張明明
封面設計　莊謹銘
內頁排版　高巧怡
行銷企劃　蕭浩仰、江紫涓
行銷統籌　駱漢琦
業務發行　邱紹溢
營運顧問　郭其彬
協力編輯　周宜靜
責任編輯　林芳吟
總編輯　李亞南

出版　漫遊者文化事業股份有限公司
地址　台北市103大同區重慶北路二段88號2樓之6
電話　(02) 2715-2022
傳真　(02) 2715-2021
服務信箱　service@azothbooks.com
網路書店　www.azothbooks.com
臉書　www.facebook.com/azothbooks.read
發行　大雁出版基地
電話　新北市231新店區北新路三段207-3號5樓
傳真　(02) 8913-1005
地址　(02) 8913-1056
初版一刷　2021年11月
初版七刷　2024年7月
定價　台幣380元

azoth books
漫遊者
漫遊，一種新的路上觀察學
www.azothbooks.com
漫遊者文化

遍路文化
on the road
大人的素養課，通往自由學習之路
www.ontheroad.today
遍路文化・線上課程

版權所有・翻印必究
本書如有缺頁、破損、裝訂錯誤，請寄回本公司更換。